Gestión del conocimiento

ADGD134PO Administración y gestión

EF/ADGD134PO/JUNIO/25

Anagrama «LUCHA CONTRA LA PIRATERÍA», propiedad de Unión Internacional de Escritores.

Consejo de redacción

Mario López Guerrero
Iván Ríos Gómez

Maquetación

Verónica Seoane López

Ilustración de cubierta

Ignacio Velasco Marugán

© Centro de Estudios ADAMS. Ediciones Valbuena
C/ Narciso Serra, 14
28007 Madrid
adamsediciones@adams.es
www.adams.es

ISBN: 978-84-1077-447-6
Depósito legal: M-12840-2025
Editado en junio de 2025
Imprime: Ediciones Valbuena, S.A.
Impreso en España. Printed in Spain

Presentación

Comprometidos por ofrecer una propuesta formativa ajustada a las necesidades de la sociedad y del mercado de trabajo, Ediciones Valbuena presenta este manual para la Especialidad formativa de **Gestión del conocimiento**, perteneciente a la Familia profesional de **Administración y gestión**.

Esta **Especialidad Formativa**, con una duración asociada de 20 horas, se integra en el Catálogo de especialidades con el código ADGD134PO.

En la elaboración de los contenidos hemos pretendido a **adquirir los conocimientos necesarios para desarrollar e implementar una Gestión Integral del Conocimiento en la empresa.**

En nuestra página web **www.adams.es** estarás al día de todo en cuanto a información sobre cursos, productos y servicios se refiere, además tendrás la opción de dirigirnos cualquier consulta o sugerencia a través de **adams@adams.es**

Esperando haber cumplido el objetivo propuesto, te expresamos nuestros mejores deseos de éxito.

Ediciones Valbuena

Índice

ICONOS DE INFORMACIÓN

Recuerda

Definición

Ejemplo

Nota

Importante

Más información

Resumen

Lectura recomendada

Vocabulario

Audios

Marco legal

Actividad

UNIDAD DIDÁCTICA 1

La gestión del conocimiento

Contenido & Objetivos

Introducción

1. Concepto y alcance

2. Componentes de la gestión del conocimiento

3. Modelo de gestión del capital intelectual. Funciones de los RR. HH.

Resumen

Los **objetivos** de esta unidad son:

1. Identificar el Sistema de Gestión del Conocimiento (SGC) y el Sistema Informático de Gestión del Conocimiento (SIGC).

2. Analizar qué entendemos por conocimiento.

3. Analizar los componentes principales de la gestión del conocimiento.

4. Conocer los principales modelos teóricos de gestión del conocimiento.

Introducción

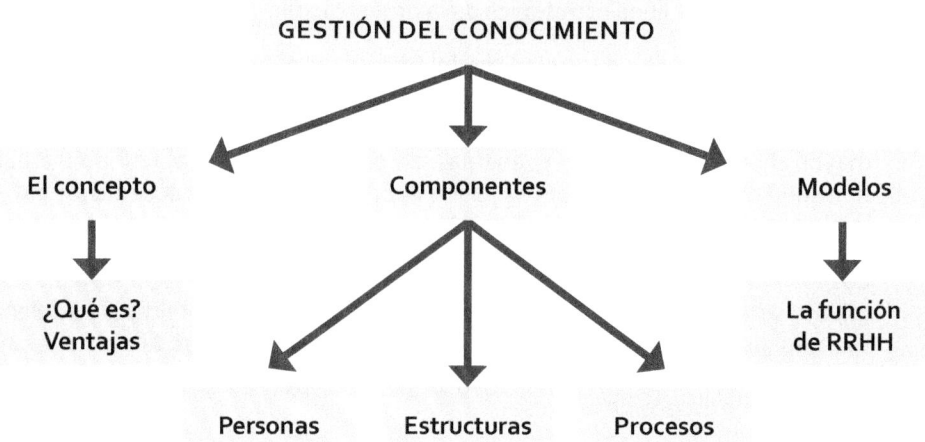

Vamos a ver el concepto de gestión del conocimiento y sus implicaciones en el mundo de las organizaciones. Responderemos a continuación cuál es su importancia, por qué ha surgido el modelo de gestión del conocimiento y cuáles son sus principales componentes.

Ahora bien, en un entorno tan cambiante como el actual, en un mundo VUCA (volátil, incierto, complejo y ambiguo) ¿es posible que las organizaciones se mantengan por intuición? ¿O es mejor que se adapten por inteligencia?

Las organizaciones necesitan desarrollar estrategias de inteligencia para tomar decisiones en función de los datos, pero también sistemas de gestión de todo el conocimiento que van acumulando.

1. Concepto y alcance

1.1. Un caso de gestión del conocimiento: IBERDROLA

Para entrar en el concepto de gestión del conocimiento, veamos un caso concreto: IBERDROLA.

IBERDROLA, S.A., grupo empresarial multinacional, líder en el mercado de la producción, distribución y comercialización de energía, tiene la siguiente Política de Gestión del conocimiento:

Este manifiesto de Iberdrola ejemplifica los supuestos básicos de la gestión del conocimiento por parte de las organizaciones:

1. Tiene que ser una línea estratégica de la organización.

2. Entiende el concepto de capital intelectual como el hecho de que el conocimiento es capaz de crear valor para la organización. El capital intelectual marca la diferencia entre las empresas si un uso apropiado del mismo genera una mayor eficiencia operativa. Y, además, se entiende que el capital intelectual tiene que estar puesto en común y ser mayor que la suma de capacidades intelectuales individuales.

3. Los elementos clave sobre los que tiene que centrarse la gestión del conocimiento son las personas, la estructura y los procesos, ya que el capital intelectual depende de las personas que integran la organización, pero también de sus estructuras operativas y organizativas y de las relaciones internas y externas con todos los grupos de interés.

4. La gestión del conocimiento tiene que centrarse en establecer iniciativas, procedimientos y herramientas para aprovechar el capital intelectual de forma real y efectiva, como las siguientes:

    ▶ Reconocer el conocimiento como creador de valor.

    ▶ Establecer una evaluación continua del capital intelectual de la organización y determinar acciones de mejora.

    ▶ Crear modelos de gestión y medición de sistemas, procesos y la documentación de la organización.

    ▶ Difundir y compartir el conocimiento existente. Por lo que el conocimiento existente en cada persona, debe ser identificado y puesto de forma accesible para todos. Lo que conlleva promover formas y entornos de trabajo que favorezcan compartir ideas y conocimientos.

    ▶ Promocionar el aprendizaje continuo y el intercambio cultural, estableciendo un aprendizaje constante y de innovación y alineando la gestión del conocimiento con las competencias requeridas en la organización.

1.2. ¿Qué es la gestión del conocimiento?

"El logro más importante de la gestión empresarial en el siglo XX fue la multiplicación por 50 de la productividad del operario. El logro que se requiere en el siglo XXI es semejante pero en relación a la productividad del trabajo basado en el conocimiento". Peter Drucker.

 La gestión del conocimiento *(knowledge management)* es un modelo de gestión en las organizaciones que trata de obtener valor del conocimiento de las personas.

A finales del siglo XX, la gestión del conocimiento parecía un modelo de gestión de "moda", algo pasajero, pero a partir de la segunda década del siglo XXI se ha ido consolidando como el modelo que obtiene mayor valor de las personas en las organizaciones. Primero, se instaló en las grandes corporaciones y, en la actualidad, ya es un modelo que aplican medianas y pequeñas empresas.

No es un modelo de gestión que surja desde una consideración humanista alejada de la empresa, sino que responde a la cultura de valores intangibles. Es decir, las empresas y organizaciones descubren que pueden generar valor y, por tanto, ser más productivas, a través de su marca, de su cultura, de su imagen, de las prácticas de trabajo, de su relación con la sociedad (políticas de responsabilidad social), de la experiencia que ofrecen a sus empleados *(employer branding)* y, por supuesto, de su conocimiento. Valores intangibles que generan productividad y beneficios a las organizaciones.

 La gestión del conocimiento, por tanto, va a tener dos focos: uno, en el desarrollo y la integración del conocimiento en el ciclo del negocio, y otro, en las personas y su aprendizaje.

1.2.1. Gestión del Conocimiento (GC), *Knowledge Management*

Conjunto de estrategias, métodos, prácticas y herramientas que permitan identificar, crear, intercambiar y aplicar el conocimiento para lograr los objetivos de la organización y generar valor. Pero no de forma individual, sino para el conjunto de la organización.

Esta gestión del conocimiento tiene que traducirse en un sistema dentro de la organización:

1.2.2. Sistema de Gestión del Conocimiento (SGC)

Diseño y práctica en la organización para capturar, almacenar, compartir y aplicar los recursos de conocimiento existentes para promover el aprendizaje y la innovación.

Y, actualmente, este sistema se va a apoyar en las Tecnologías de la Información y la Comunicación (TIC). Las organizaciones, en la sociedad del conocimiento tienen que hacer uso de las TIC, tanto de herramientas de software como de una arquitectura tecnológica.

1.2.3. Sistema Informático de Gestión del Conocimiento (SIGC)

Aplicación de herramientas tecnológicas para personalizar el aprendizaje, almacenarlo y facilitar su transferencia.

 Las empresas u organizaciones que implanten modelos de gestión del conocimiento estarán más preparadas para generar valor y para adaptarse a los cambios del mundo actual.

1.3. Conceptos vinculados: datos, información, conocimiento y sabiduría

Existe una secuencia desde los datos que obtenemos a la sabiduría:

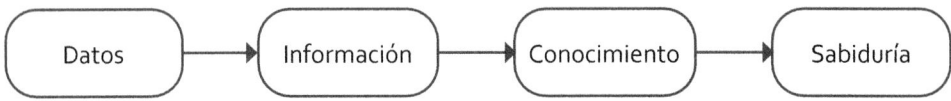

Datos → Información → Conocimiento → Sabiduría

- **Datos:** los datos son hechos estructurados o no, que no poseen relación directa.

- **Información:** la información es un conjunto de datos procesados, es decir, datos a los que se les ha dado sentido mediante una relación.

- **Conocimiento:** el conocimiento es el conjunto de representaciones basadas en la información de la que disponemos, a través del análisis, la interpretación y la argumentación.

- **Sabiduría:** sería el nivel más alto de comprensión del conocimiento, la información y los datos, el que nos permite darle significado al conocimiento a través de la razón y de la experiencia.

Dada esta secuencia, para saber (sabiduría) utilizar el conocimiento, necesitamos de información y de datos. Por tanto, los sistemas de gestión del conocimiento se centrarán en detectar datos necesarios, vincularlos como información relevante, generar conocimiento y permitir su uso de forma consciente.

1.4. El momento de la gestión del conocimiento

Ahora es el momento de convertir el conocimiento en un recurso clave para generar valor en las empresas y organizaciones y varios factores influyen en este momento:

1. El envejecimiento de la población en Europa supone el riesgo de perder el conocimiento acumulado durante generaciones por las personas que han estado trabajando. Un mal que no se pueden permitir las organizaciones, ya que supondría la pérdida de información y conocimiento vital para las empresas. Lo que se ha aprendido con el tiempo, es necesario que se quede de forma explícita en la organización.

2. El actual modelo productivo está cambiando. Ya no se basa en la producción industrial, sino en generar valor al cliente a través de conocerle, reformular bienes y servicios, actualizar procesos y aplicar nuevos conocimientos. Las compañías necesitan gestionar el conocimiento para poder mantenerse. Estamos en lo que se ha llamado la cuarta revolución industrial. Hemos asistido en siglos pasados a la mecanización, la producción en masa, la revolución de la informática y ahora estamos en la revolución de los datos. Podemos obtener datos, agrupar datos masivos y analizar datos. Datos que son información, que se pueden transformar en conocimiento y que debemos traducirlos en valor para la organización.

3. La innovación se ha convertido en esencial dentro de un entorno en constante cambio y para adaptarse hay que aprender, por lo que las empresas tienen que ser capaces de aprender más y aprender más rápido. Por tanto, la gestión del conocimiento tiene que focalizar esfuerzos en las personas y en sus procesos de aprendizaje, pero también en los procesos de investigación y mejora continua.

4. El mercado global y la internacionalización cada vez mayor de las empresas hacen que sea necesario identificar nuevos conocimientos de otras culturas para no cometer errores. Un caso concreto es el de la "localización" de las empresas de traducción, que ya no solo traducen un texto corporativo, sino que lo tienen que asimilar a la cultura y forma de pensar del otro país. Un error en la comunicación, por desconocer la cultura, puede suponer la diferencia entre el

éxito y el fracaso. Un ejemplo lo podemos ver en Pavitr Prabhakar, nombre que recibe el famoso superhéroe Spiderman en su adaptación hindú, donde recibe sus poderes de un Faquir y no de una picadura de araña.

https://en.wikipedia.org/wiki/Spider-Man: India

Estamos en un momento disruptivo, de profundo cambio histórico. El hecho digital no es solo un cambio de herramientas, sino que estamos en un momento en el que la tecnología ha cambiado tanto los procesos de producción como la comunicación y el aprendizaje. Y esta transformación digital está creando nuevos modelos sociales, nuevas formas de distribución del trabajo y nuevos modelos de negocios. Y, por tanto, nuevos modelos de gestionar el conocimiento y comunicarlo, que facilita el trabajo en red.

Puedes ver el siguiente vídeo sobre la sociedad digital: https://www.youtube.com/watch?v=kMXZbDT5vmo&t=1s

Por tanto, debido a estos factores, la gestión del conocimiento ya no solo es un modelo de gestión posible, sino que se ha convertido en un modelo de gestión necesario en las organizaciones. El conocimiento es valor.

1.5. Ventajas de la gestión del conocimiento

Cada organización tiene que valorar la importancia de la gestión del conocimiento y los beneficios que le puede traer, ya que para cada organización serán unos u otros. Ahora bien, de forma general, se pueden indicar como beneficios de la gestión del conocimiento los siguientes:

1. Un buen conocimiento permite la reducción de los plazos asociados a proyectos o ciclos operativos.

2. Un buen conocimiento permite la reducción del plazo de tiempo para que las personas que acceden a la organización alcancen un nivel óptimo de competencia.

3. Un buen conocimiento permite la mejora en la seguridad laboral.

4. Un buen conocimiento permite la reducción de costes operativos.

5. Un buen conocimiento permite mejoras en los ratios de cierre de ventas.

6. Un buen conocimiento permite el incremento de las cuotas de mercado.

7. Un buen conocimiento permite la mejora en el grado de satisfacción del cliente.

Atendiendo a estos beneficios, la gestión del conocimiento se centrará en mejorar dos ámbitos:

- **Ámbito económico:** reducción de costes y aumento de ingresos.

- **Ámbito laboral:** mejora del clima, la motivación y el compromiso con la empresa, lo que permite la atracción y retención de talento.

Veamos algunos ejemplos:

1. **Halliburton** *https://www.halliburton.com/en-US/default.html*

   Aplica la Gestión del Conocimiento mediante "Comunidades de Práctica". Establece unos indicadores económicos y se los asigna a cada comunidad. Después de un año, puede medir las operaciones y obtener un análisis de cuál es la situación y la evolución de la compañía:

   - La insatisfacción del cliente se ha reducido en un 24%.

   - Se ha reducido el coste de aspectos de poco valor en un 66%.

   - La rentabilidad del nuevo producto se ha incrementado en un 22%.

   - La productividad se ha incrementado un 10%.

2. **Mitre** *https://www.mitre.com/*

   Gracias a la gestión del conocimiento ha conseguido la eliminación de determinados costes y reducido los costes operativos. Durante un período de tres años, se produjo un ahorro de 16,6 millones de dólares y un incremento de la productividad del personal.

3. **i2** *https://www.i2analytical.com/*

   Ha conseguido reducir el tiempo de introducción de nuevos productos en el mercado gracias a estrategias de conocimiento.

2. Componentes de la gestión del conocimiento

2.1. Personas (capital humano)

2.1.1. Aspectos generales

Para crear una organización que aprende, el factor clave van a ser las personas y sus competencias. El aprendizaje organizacional tiene lugar a través de las personas y se ha demostrado que el resultado de un equipo de personas supera a la suma del trabajo individual de cada uno de ellos.

Sobre las competencias profesionales, el avance de las tecnologías en la sociedad de la información hace que nos replanteemos el marco de competencias necesarias para el trabajo, no solo para usar las nuevas herramientas tecnológicas, sino para ir un paso más allá, entenderlas, aceptarlas, utilizarlas y evaluarlas. He aquí el punto central del cambio tecnológico de hoy en día, que no solo se trata de aprender a usar una "máquina", sino de entenderla y estar preparado para cambiar de "máquina", pero no de "mundo digital".

 Las competencias se definen como el conjunto de conocimientos teóricos, procedimientos prácticos y comportamientos profesionales asociados a un trabajo.

Hasta ahora, en un puesto de trabajo diferenciábamos entre competencias duras *(hard)* y blandas *(soft)*, pero ahora debemos de entender que existe un tercer grupo de competencias: las competencias digitales.

▶ **Competencias/habilidades duras** *(hard skills)*: son los conocimientos y habilidades requeridas para llevar a cabo una determinada función en un puesto de trabajo. Por ejemplo, un docente tiene que saber elaborar una programación didáctica, impartir formaciones o evaluar; una persona que trabaja en la asistencia a personas en situación de dependencia tiene que saber hacer cuidados sanitarios básicos o ayudar en las actividades de la vida diaria, y un gestor de empresas tiene que saber llevar la contabilidad o realizar trámites administrativos, por ejemplo.

▶ **Competencias/habilidades blandas** *(soft skills)*: son los conocimientos y habilidades para el rendimiento personal y las relaciones interpersonales como la automotivación, la tolerancia a la presión, la gestión del estrés, el trabajo en equipo, la escucha activa, la empatía, el autoliderazgo o la proactividad.

▶ **Competencias/habilidades digitales** *(digital skills)*: son los conocimientos y habilidades en el manejo de la tecnología digital, es decir, el uso crítico y seguro de la tecnología y los medios digitales.

2.1.2. De la alfabetización digital a la competencia digital

Antes de desarrollar el concepto de competencia digital y su necesidad de estar formados en ella, ya se avanzaron otros términos como el de "alfabetización" digital.

La **alfabetización** se entendía como un proceso formativo necesario para que las personas pudiesen hacer uso de la tecnología y la informática en su vida diaria: ordenadores, Internet, pago online, móviles, Internet de las cosas.

El alfabetismo englobaba tanto conocer la parte *hard* de la tecnología, como son los componentes de los ordenadores, las tarjetas, el ratón, los altavoces o la conexión de cámaras web o proyectores, hasta el uso de la parte *soft* como son los programas (Word o Excel), las aplicaciones de los móviles e incluso las nuevas plataformas de comunicación como WhatsApp o las redes sociales.

Pero más allá de una alfabetización, en el mundo laboral hay que tener una competencia desarrollada para localizar información, comunicarse, crear contenidos digitales y hacer todo ello en entornos digitales seguros y con la posibilidad de resolver problemas.

Por tanto, no se trata solo de usar la tecnología, sino de ser competentes.

"La Competencia digital implica el uso crítico y seguro de las Tecnologías de la Sociedad de la Información para el trabajo, el tiempo libre y la comunicación. Apoyándose en habilidades TIC básicas: uso de ordenadores para recuperar, evaluar, almacenar, producir, presentar e intercambiar información, y para comunicar y participar en redes de colaboración a través de Internet". (European Parliament and the Council, 2006).

2.1.3. Las cinco áreas de competencias digitales

A) Introducción

Dentro del marco europeo de competencias digitales, distinguimos cinco grandes áreas de competencia:

▶ **Área de competencia digital 1:** la información, la alfabetización informacional y el tratamiento de datos: identificar, localizar, recuperar, almacenar, organizar y analizar información digital, evaluar su finalidad y relevancia.

▶ **Área de competencia digital 2:** la comunicación y colaboración: comunicar en entornos digitales, compartir recursos en línea, conectar y colaborar con otras personas mediante herramientas digitales, interactuar y participar en comunidades y redes; conciencia intercultural.

▶ **Área de competencia digital 3:** la creación de contenido digital: crear y editar nuevos contenidos (textos, imágenes, vídeos...), integrar conocimientos y reelaborar contenidos previos, realizar producciones artísticas, contenidos multimedia y programación informática, saber aplicar los derechos.

▶ **Área de competencia digital 4:** la seguridad: protección personal, protección de datos y de la identidad digital, uso de seguridad, uso seguro y sostenible.

▶ **Área de competencia digital 5:** la resolución de problemas: identificar necesidades y recursos digitales, tomar decisiones para seleccionar las herramientas digitales apropiadas según la necesidad o finalidad, resolver problemas conceptuales y técnicos a través de medios digitales, uso creativo de la tecnología, actualizar la competencia propia y la de otros.

Consulta el siguiente enlace para ampliar conocimiento:

https://aprende.intef.es/mccdd

B) Área de Información y alfabetización informacional

Esta área de competencia distingue entre tres dimensiones:

• **Navegación:** navegación, búsqueda y filtrado de información, datos y contenido digital. Buscar información, datos y contenido digital en red y acceder a ellos, expresar de manera organizada las necesidades de información, encontrar información relevante, seleccionar recursos de forma eficaz, gestionar distintas fuentes de información, crear estrategias personales de información.

Nivel A (básico)	Nivel B (intermedio)	Nivel C (avanzado)
Soy capaz de buscar cierta información, datos y contenido digital en red mediante buscadores. Sé que los resultados de las búsquedas son distintos en función de los buscadores.	Sé navegar por Internet para localizar información, datos y contenido digital. Sé expresar de manera organizada mis necesidades de información y sé seleccionar la información, los datos y el contenido digital.	Soy capaz de usar una amplia gama de estrategias cuando busco información, datos y contenido digital, y navego por Internet. Sé filtrar y gestionar la información, los datos y el contenido digital que recibo. Sé a quién seguir en los sitios destinados a compartir información en la red (por ejemplo, microblogging).

- **Evaluación de la información:** evaluación de la información, datos y contenidos digitales. Reunir, procesar, comprender y evaluar información, fuentes de datos y contenido digital de forma crítica.

Nivel A (básico)	Nivel B (intermedio)	Nivel C (avanzado)
Sé que no toda la información, ni todo el contenido digital, ni todas las fuentes de datos que se encuentran en Internet son fiables.	Sé comparar diferentes fuentes de información, datos y contenido digital en red.	Soy crítico con la información/datos/contenido digital que encuentro y sé contrastar su validez y credibilidad.

23

- **Almacenamiento:** gestionar y almacenar información, datos y contenido digital para facilitar su recuperación; organizar información y datos.

Nivel A (básico)	Nivel B (intermedio)	Nivel C (avanzado)
Sé cómo guardar archivos y contenidos (por ejemplo, textos, imágenes, música, vídeos y páginas web). Sé cómo recuperar los contenidos que he guardado.	Sé guardar y etiquetar archivos, contenidos e información y tengo mi propia estrategia de almacenamiento. Sé recuperar y gestionar la información y los contenidos que he guardado.	Sé aplicar diferentes métodos y herramientas para organizar los archivos, los contenidos y la información. Sé implementar un conjunto de estrategias para recuperar los contenidos que yo u otros hemos organizado y guardado.

C) Área de comunicación y colaboración

Esta área de competencia distingue entre seis dimensiones:

▶ **Interacción mediante tecnologías digitales:** interaccionar por medio de diversos dispositivos y aplicaciones digitales, entender cómo se distribuye, presenta y gestiona la comunicación digital, comprender el uso adecuado de las distintas formas de comunicación a través de medios digitales, contemplar diferentes formatos de comunicación, adaptar estrategias y modos de comunicación a destinatarios específicos.

Nivel A (básico)	Nivel B (intermedio)	Nivel C (avanzado)
Soy capaz de interactuar con otros utilizando las características básicas de comunicación (por ejemplo, teléfono móvil, voz por IP, chat, correo electrónico).	Soy capaz de utilizar varias herramientas digitales para interactuar con los demás incluso utilizando características más avanzadas de las herramientas de comunicación (por ejemplo, teléfono móvil, voz por IP, chat, correo electrónico).	Utilizo una amplia gama de herramientas para la comunicación en línea (por ejemplo, emails, chats, SMS, mensajería instantánea, blogs, microblogs, foros, wikis). Sé seleccionar las modalidades y formas de comunicación digital que mejor se ajusten al propósito. Soy capaz de adaptar las formas y modalidades de comunicación según los destinatarios. Soy capaz de gestionar los distintos tipos de comunicación que recibo.

▶ **Compartir información y contenidos:** compartir la ubicación de la información y de los contenidos encontrados, estar dispuesto y ser capaz de compartir conocimiento, contenidos y recursos, actuar como intermediario, ser proactivo en la difusión de noticias, contenidos y recursos, conocer las prácticas de citación y referencias e integrar nueva información en el conjunto de conocimientos existentes.

Nivel A (básico)	Nivel B (intermedio)	Nivel C (avanzado)
Sé cómo compartir archivos y contenidos a través de medios tecnológicos sencillos (por ejemplo, enviar archivos adjuntos a mensajes de correo electrónico, cargar fotos en Internet, etc.).	Sé cómo participar en redes sociales y comunidades en línea, en las que transmito o comparto conocimientos, contenidos e información.	Soy capaz de compartir de forma activa información, contenidos y recursos a través de comunidades en línea, redes y plataformas de colaboración.

▶ Participación ciudadana en línea: implicarse con la sociedad mediante la participación en línea, buscar oportunidades tecnológicas para el empoderamiento y el autodesarrollo en cuanto a las tecnologías y a los entornos digitales, ser consciente del potencial de la tecnología para la participación ciudadana.

Nivel A (básico)	Nivel B (intermedio)	Nivel C (avanzado)
Sé que la tecnología se puede utilizar para interactuar con distintos servicios y hago uso pasivo de algunos (por ejemplo, comunidades en línea, gobierno, hospitales, centros médicos, bancos.)	Soy capaz de utilizar activamente algunos aspectos básicos de los servicios en línea (por ejemplo, gobierno, hospitales o centros médicos, servicios).	Participo activamente en los espacios en línea. Sé de qué manera me puedo implicar activamente en línea y soy capaz de usar varios servicios en línea.

▶ Colaboración mediante canales digitales: utilizar tecnologías y medios para el trabajo en equipo, para los procesos colaborativos y para la creación y construcción común de recursos, conocimientos y contenidos.

Nivel A (básico)	Nivel B (intermedio)	Nivel C (avanzado)
Soy capaz de colaborar mediante algunas tecnologías tradicionales (por ejemplo, el correo electrónico).	Soy capaz de debatir y elaborar productos en colaboración utilizando herramientas digitales sencillas.	Soy capaz de utilizar con frecuencia y con confianza varias herramientas digitales y diferentes medios con el fin de colaborar con otros en la producción y puesta a disposición de recursos, conocimientos y contenidos.

▶ Netiqueta: estar familiarizado con las normas de conducta en interacciones en línea o virtuales, estar concienciado en lo referente a la diversidad cultural, ser capaz de protegerse a sí mismo y a otros de posibles peligros en línea (por ejemplo, el ciberacoso), desarrollar estrategias activas para la identificación de las conductas inadecuadas.

Nivel A (básico)	Nivel B (intermedio)	Nivel C (avanzado)
Conozco las normas básicas de conducta que rigen la comunicación con otros mediante herramientas digitales.	Entiendo las reglas de la etiqueta en la red y soy capaz de aplicarlas a mi contexto personal y profesional.	Soy capaz de aplicar varios aspectos de la etiqueta en la red a distintos espacios y contextos de comunicación. He desarrollado estrategias para la identificación de las conductas inadecuadas en la red.

▶ Gestión de la identidad digital: crear, adaptar y gestionar una o varias identidades digitales, ser capaz de proteger la propia reputación digital y de gestionar los datos generados a través de las diversas cuentas y aplicaciones utilizadas.

Nivel A (básico)	Nivel B (intermedio)	Nivel C (avanzado)
Conozco las normas básicas de conducta que rigen la comunicación con otros mediante herramientas digitales.	Entiendo las reglas de la etiqueta en la red y soy capaz de aplicarlas a mi contexto personal y profesional.	Soy capaz de aplicar varios aspectos de la etiqueta en la red a distintos espacios y contextos de comunicación. He desarrollado estrategias para la identificación de las conductas inadecuadas en la red.

D) Área de creación de contenido digital

Esta área de competencia distingue entre cuatro dimensiones:

▶ **Desarrollo de contenidos digitales:** crear contenidos en diferentes formatos, incluyendo contenidos multimedia, editar y mejorar el contenido de creación propia o ajena, expresarse creativamente a través de los medios digitales y de las tecnologías.

Nivel A (básico)	Nivel B (intermedio)	Nivel C (avanzado)
Soy capaz de crear contenidos digitales sencillos (por ejemplo, texto, o tablas, o imágenes, o audio, etc.).	Soy capaz de producir contenidos digitales en diferentes formatos, incluidos los multimedia (por ejemplo, textos, tablas, imágenes, audio, etc.).	Soy capaz de producir contenidos digitales en formatos, plataformas y entornos diferentes. Soy capaz de utilizar diversas herramientas digitales para crear productos multimedia originales.

▶ **Integración y reelaboración de contenidos digitales:** modificar, perfeccionar y combinar los recursos existentes para crear contenido y conocimiento nuevo, original y relevante.

Nivel A (básico)	Nivel B (intermedio)	Nivel C (avanzado)
Soy capaz de hacer cambios sencillos en el contenido que otros han producido.	Soy capaz de editar, modificar y mejorar el contenido que otros o yo mismo hemos producido.	Soy capaz de combinar elementos de contenido ya existente para crear contenido nuevo.

▶ **Derechos de autor y licencias:** entender cómo se aplican los derechos de autor y las licencias a la información y a los contenidos digitales.

Nivel A (básico)	Nivel B (intermedio)	Nivel C (avanzado)
Soy consciente de que algunos de los contenidos que utilizo pueden tener derechos de autor.	Conozco las diferencias básicas entre las licencias copyright, copyleft y creative commons y soy capaz de aplicarlas al contenido que creo.	Conozco cómo se aplican los diferentes tipos de licencias a la información y a los recursos que uso y creo.

▶ **Programación:** realizar modificaciones en programas informáticos, aplicaciones, configuraciones, programas, dispositivos, entender los principios de la programación, comprender qué hay detrás de un programa.

Nivel A (básico)	Nivel B (intermedio)	Nivel C (avanzado)
Soy capaz de modificar algunas funciones sencillas de software y de aplicaciones (configuración básica).	Soy capaz de realizar varias modificaciones a programas y aplicaciones.	Soy capaz de realizar varias modificaciones a programas y aplicaciones.

E) Área de seguridad

Esta área de competencia distingue entre cuatro dimensiones:

▶ **Protección de dispositivos y de contenido digital:** proteger los dispositivos y los contenidos digitales propios y comprender los riesgos y amenazas en red, conocer medidas de protección y seguridad.

Nivel A (básico)	Nivel B (intermedio)	Nivel C (avanzado)
Soy capaz de realizar acciones básicas para proteger mis dispositivos (por ejemplo, uso de antivirus, contraseñas, etc.).	Sé cómo proteger mis dispositivos digitales y actualizo mis estrategias de seguridad.	Actualizo frecuentemente mis estrategias de seguridad y sé cómo actuar cuando el dispositivo está amenazado.

▶ **Protección de datos personales y privacidad:** entender los términos habituales de uso de los programas y servicios digitales, proteger activamente los datos personales, respetar la privacidad de los demás, protegerse a sí mismo de amenazas, fraudes y ciberacoso.

Nivel A (básico)	Nivel B (intermedio)	Nivel C (avanzado)
Soy consciente de que en entornos en línea puedo compartir solo ciertos tipos de información sobre mí mismo y sobre otros.	Sé cómo proteger mi propia privacidad en línea y la de los demás. Entiendo de forma general las cuestiones relacionadas con la privacidad y tengo un conocimiento básico sobre cómo se recogen y utilizan mis datos.	A menudo, cambio la configuración de privacidad predeterminada de los servicios en línea para mejorar la protección de mi privacidad. Tengo un conocimiento amplio acerca de los problemas de privacidad y sé cómo se recogen y utilizan mis datos.

▶ **Protección de la salud y del bienestar:** evitar riesgos para la salud relacionados con el uso de la tecnología en cuanto a amenazas para la integridad física y el bienestar psicológico.

Nivel A (básico)	Nivel B (intermedio)	Nivel C (avanzado)
Sé cómo evitar el ciberacoso. Sé que la tecnología puede afectar a la salud si se utiliza mal.	Sé cómo protegerme a mí mismo y a otros del ciberacoso y entiendo los riesgos para la salud asociados al uso de tecnologías (desde los aspectos ergonómicos hasta la adicción a las tecnologías).	Adopto una postura informada sobre el impacto de las tecnologías en la vida diaria, el consumo en línea y el medioambiente.

▶ **Protección del entorno:** tener en cuenta el impacto de las tecnologías digitales sobre el medioambiente.

Nivel A (básico)	Nivel B (intermedio)	Nivel C (avanzado)
Tomo medidas básicas de ahorro energético.	Entiendo los aspectos positivos y negativos del uso de la tecnología sobre el medioambiente.	Soy capaz de realizar varias modificaciones a programas y aplicaciones.

F) Área de resolución de problemas

Esta área de competencia distingue entre cuatro dimensiones:

▶ **Resolución de problemas técnicos:** identificar posibles problemas técnicos y resolverlos (desde la solución de problemas básicos hasta la solución de problemas más complejos).

Nivel A (básico)	Nivel B (intermedio)	Nivel C (avanzado)
Soy capaz de pedir apoyo y asistencia específica cuando las tecnologías no funcionan o cuando utilizo un dispositivo, programa o aplicación.	Soy capaz de resolver problemas sencillos que surgen cuando las tecnologías no funcionan.	Soy capaz de resolver una amplia gama de problemas que surgen de la utilización de la tecnología.

▶ **Identificación de necesidades y respuestas tecnológicas:** analizar las propias necesidades en términos tanto de uso de recursos o herramientas, como de desarrollo competencial, asignar posibles soluciones a las necesidades detectadas, adaptar las herramientas a las necesidades personales y evaluar de forma crítica las posibles soluciones y las herramientas digitales.

Nivel A (básico)	Nivel B (intermedio)	Nivel C (avanzado)
Soy capaz de utilizar algunas tecnologías para resolver problemas, pero solo para un número limitado de tareas. Soy capaz de tomar decisiones a la hora de escoger una herramienta digital para una actividad rutinaria.	Entiendo las posibilidades y los límites de la tecnología. Soy capaz de resolver tareas no rutinarias explorando las posibilidades tecnológicas. Soy capaz de elegir la herramienta adecuada según la finalidad y soy capaz de evaluar la efectividad de la misma.	Tomo decisiones informadas a la hora de elegir una herramienta, dispositivo, aplicación, programa o servicio para una tarea con la que no estoy familiarizado. Mantengo información actualizada de los nuevos desarrollos tecnológicos. Comprendo cómo funcionan las nuevas herramientas y soy capaz de evaluar de forma crítica qué herramienta encaja mejor con mis objetivos.

31

▶ **Innovación y uso de la tecnología digital de forma creativa:** innovar utilizando la tecnología, participar activamente en producciones colaborativas multimedia y digitales, expresarse de forma creativa a través de medios digitales y de tecnologías, generar conocimiento y resolver problemas conceptuales con el apoyo de herramientas digitales.

Nivel A (básico)	Nivel B (intermedio)	Nivel C (avanzado)
Soy consciente de que puedo utilizar las tecnologías y las herramientas digitales con propósitos creativos y soy capaz de utilizar las tecnologías de forma creativa en algunos casos.	Soy capaz de utilizar las tecnologías para crear productos creativos y de utilizar las tecnologías para resolver problemas, por ejemplo, visualizar un problema. Colaboro con otras personas en la elaboración de productos innovadores y creativos, pero no tomo la iniciativa.	Soy capaz de resolver problemas conceptuales aprovechando las tecnologías y las herramientas digitales. Soy capaz de contribuir a la generación de conocimiento a través de medios tecnológicos. Soy capaz de participar en acciones innovadoras a través del uso de las tecnologías. Colaboro de forma proactiva con otras personas para crear productos creativos e innovadores.

▶ **Identificación de lagunas en la competencia digital:** comprender las necesidades de mejora y actualización de la propia competencia, apoyar a otros en el desarrollo de su propia competencia digital, estar al corriente de los nuevos desarrollos.

Nivel A (básico)	Nivel B (intermedio)	Nivel C (avanzado)
Tengo ciertos conocimientos básicos, pero soy consciente de mis limitaciones en el uso de las tecnologías.	Soy capaz de aprender a hacer algo nuevo con las tecnologías.	Actualizo frecuentemente mis necesidades en lo referente a la competencia digital docente.

Para conocer nuestro desarrollo, podemos hacer una valoración a partir de las dimensiones de cada competencia presentadas en este tema, pero también tenemos plataformas online para evaluarnos, como la desarrollada por la Junta de Andalucía:

Aplicación web. Autodiagnóstico en competencias digitales Junta de Andalucía

http://www.digcomp.andaluciaesdigital.es/

Y, para desarrollarlas, también disponemos de recursos online, como los cursos gratuitos de Google Actívate y la Fundación Santa María la Real.

2.2. Las estructuras

A nivel estructural, las empresas comprometidas con la gestión del conocimiento tienen que poner a disposición de las personas los elementos estructurales que exijan las acciones definidas en el plan de gestión del conocimiento: espacios, recursos, tecnología, etc.

Es quizás en la adquisición de tecnología y su actualización donde tiene que estar más presente el gasto estructural en la gestión del conocimiento.

Hoy en día, están a disposición de las organizaciones multitud de herramientas que facilitan la transferencia del conocimiento dentro de la organización. Internet, plataformas, intranet, redes, videoconferencias, e-learning, bancos de datos, repositorios de información... quizás el problema está en encontrar lo que más se adapta a cada empresa.

Algunas **herramientas tecnológicas** que favorecen la gestión del conocimiento son:

⇨ **Slack:** utilizada por empresas como HBO, Ebay, Universal o la NASA. Es una aplicación de comunicaciones en tiempo real que funciona como una red social. Se crean canales y las personas van compartiendo en ellos lo que consideren oportuno. Estos canales pueden ser públicos o cerrados para un grupo. También permite el uso de mensajería entre los miembros de la organización.

33

Además, se puede acceder a un histórico de archivos y conversaciones reduciendo el tiempo de espera para acceder a una determinada información. También, se puede integrar junto a otras aplicaciones como Dropbox, Asana o Hangouts.

⇨ **Yammer:** es una "intranet social" de Microsoft. Al igual que Slack, impulsa la productividad de todos los miembros de un equipo a través de la colaboración. Permite la comunicación en tiempo real, fluida y espontánea. Reduce la cantidad de correos electrónicos. Aumenta la productividad y la satisfacción de los empleados. Reduce el número de reuniones. Fomenta la colaboración entre empleados y mejora la cohesión de los equipos.

2.3. Los procesos

 Los procesos son las acciones concretas que sirven para identificar, tratar, difundir, almacenar y mantener el conocimiento.

No todo es nuevo en la gestión del conocimiento, sino que integra elementos ya aprendidos de otros modelos:

⇨ Del modelo de **dirección por objetivos** integra la especificación de objetivos como requisito para garantizar los resultados de acuerdo a un marco estratégico de la organización.

⇨ Del modelo de **dirección por procesos** incorpora el hecho de tener un mapa de los procesos clave de la organización, que detalle "qué se hace", "cómo se hace" y "quién lo hace".

⇨ De la **gestión de recursos humanos** incorpora herramientas como la descripción de los puestos de trabajo y los modelos para la evaluación del desempeño.

Señalamos a continuación algunos de los procesos que se pueden desarrollar:

• **Boletines, newsletter, tablón de anuncios.**

• **Blog corporativo:** que promueva la participación colectiva, la difusión de experiencias y la exposición de temas relacionados con el sector.

• **Manuales:** de acogida, de bienvenida, de uso de herramientas para el desarrollo del trabajo...

- **Formaciones internas:** que apoyan la importancia de transferir el conocimiento en las organizaciones, el trabajo colaborativo y la mejora y basada en la experiencia ya vivida.

- **Comunidades de prácticas:** grupos de trabajo que se centran en la identificación del conocimiento tácito (no explícito) de la organización para ponerlo a disposición.

- **Reuniones de reflexión** *(after action review)*: orientadas a recopilar propuestas de mejora en base a los aciertos y errores cometidos durante la planificación y desarrollo de un proyecto. Son reuniones, en forma de discusión, de no más de 30 minutos en las que se analiza lo que está pasando en el desarrollo de un proyecto. Preguntas en este tipo de reuniones: ¿qué sucedió?, ¿por qué sucedió?, ¿qué funcionó bien?, ¿qué necesita mejorarse?, ¿cuáles son las lecciones y recomendaciones?

- **Retrospectiva:** reunión en la que se hace una revisión del desarrollo de un proyecto en la que se valora lo sucedido. Se sacan conclusiones sobre los éxitos y fracasos y se buscan pautas para mejorar el futuro.

- **Revisión de expertos** *(peer review)*: es una reunión de carácter periódico de los responsables de área en la que se revisan los proyectos que están en marcha y se resuelven los problemas de coordinación que puedan existir.

- **Asistencia entre pares:** que consiste en aprender antes de abordar un nuevo proyecto o actividad. Permite acceder, en el momento adecuado, al conocimiento adquirido previamente por otros miembros de la organización.

- **Base de lecciones aprendidas:** recopilatorio de las lecciones aprendidas que refleja el impacto económico de cada lección y que asigna un conjunto de acciones a llevar a cabo para implantar las acciones correctivas oportunas para prevenir que se cometan de nuevo los mismos errores.

- **Bases de conocimiento:** recopilatorio en formato "pastilla" del conocimiento requerido para llevar a cabo determinadas funciones o tareas. Se trata de unidades totalmente orientadas a la práctica para solucionar problemas concretos en situaciones concretas.

- **Páginas amarillas del conocimiento:** una relación de los colaboradores de la organización en la que se detalla "lo que saben sobre", con el objeto de poner a disposición de la organización su conocimiento y experiencia.

- **Talleres para el intercambio de conocimiento:** sesiones monográficas que tienen por objetivo poner a disposición de quien lo requiera el conocimiento de los más experimentados de la organización.

- **Mapa del conocimiento crítico:** esquema que estructura el conocimiento crítico de una organización y sus diferentes categorías con enlaces a personas expertas y/o documentos.

- **Proyectos de aprendizaje:** suelen tener como eje central algún curso o taller al que se le añaden otras herramientas que permiten personalizar los contenidos y evaluar el impacto sobre el departamento o área en cuestión.

- **Observatorios de experiencias y estudios de casos.**

3. Modelo de gestión del capital intelectual. Funciones de los RR. HH.

3.1. Nonaka y Takeuchi: Proceso de creación del conocimiento (1995)

Los tres modelos clásicos de gestión del capital intelectual son los de:

- Nonaka y Takeuchi: Proceso de creación del conocimiento (1995)
- Modelo de Gestión KPMG Consulting (1998)
- Modelo Andersen (1999)

Para modelar la gestión del conocimiento, debemos de tener en cuenta la **espiral del conocimiento planteada por Nonaka y Takeuchi** (1995) como un proceso de interacción dinámica y continua entre el conocimiento:

⇨ **Tácito** reside en las personas, no ha sido documentado ni codificado, está conformado por la experiencia, valores, ideas, emociones e información de cada individuo.

⇨ **Explícito** es aquel que puede ser codificado y representado de forma articulada, lo que lo convierte en una fuente de conocimiento para otras personas.

Conocimiento	A lo tácito	A lo explícito
De lo tácito	Socialización	Externalización
De lo explícito	Interiorización	Combinación

En esta espiral, el conocimiento dentro de una organización pasaría por cuatro fases:

1. **Socialización (de lo tácito a lo tácito):** la socialización es el proceso de adquirir conocimientos a través de compartir experiencias por medio del contacto con las personas, los procesos y los documentos. Se aprenden modelos mentales y habilidades técnicas.

2. **Externalización (de lo tácito a lo explícito):** la externalización es el proceso de convertir el conocimiento tácito en conocimiento explícito, poniéndolo de manifiesto a los demás. Es un proceso de creación de conocimiento a través de ideas, conceptos, hipótesis, modelos o teorías.

3. **Combinación (de lo explícito a lo explícito):** la combinación es el proceso por el que se suman y ponen en común conocimientos explícitos, de forma que se va construyendo un sistema de conocimiento integrado a través de la clasificación, categorización y suma de conocimientos.

4. **Interiorización (de lo explícito a lo tácito):** la interiorización es el proceso por el que las personas toman como suyo el conocimiento explícito y lo naturalizan. Los nuevos conocimientos se incorporan al comportamiento habitual de la persona.

Partiendo de esta espiral del conocimiento, un primer modelo de Sistema de Gestión del Conocimiento tiene que diseñar y poner en práctica soluciones para identificar el conocimiento tácito y explícito y distribuirlo en toda la organización. Como indica Del Moral (2007; 13): "La gestión del conocimiento consiste en poner a disposición de los miembros de una institución, de un modo ordenado, práctico y eficaz, además de los conocimientos explicitados, la totalidad del conocimiento particular, esto es, tácito, de cada uno de los miembros de dicha institución que puedan ser utilizados con inteligencia, para mejorar su funcionamiento, maximizar su desarrollo y crecimiento".

3.2. Modelo de gestión KPMG Consulting (Tejedor y Aguirre, 1998)

El modelo de gestión KPMG se centra en la determinación de los factores que condicionan el aprendizaje de una organización y los resultados esperados.

Por una parte, entiende que un modelo de gestión del conocimiento tiene que convertir el conocimiento en un activo útil para la organización, por eso el resultado del modelo debe medirse para determinar si logra:

1. Mejorar la calidad de los resultados.

2. Permitir la flexibilidad de la organización para evolucionar permanentemente.

3. Favorecer el desarrollo de las personas.

4. Hacer más consciente a la organización de sí misma y del entorno en que se integra.

Por otra parte, el modelo entiende que los factores que determinan la capacidad de aprender de una organización son tres:

▶ El compromiso firme y consciente por parte de toda la empresa y, en especial, de los líderes, con la gestión del conocimiento como un proceso que tiene que ser gestionado y requiere recursos.

▶ La disposición de personas y equipos preparados para aprender, ya que la organización solo aprende si aprenden los miembros que la configuran. Para este fin es necesario establecer una serie de actitudes y comportamientos que son necesarios para generar conocimiento. La empresa no puede ser neutral, sino que tiene que dirigir a las personas hacia estas actitudes:

• Proactividad: la responsabilidad personal sobre el futuro.

• Visión sistémica: ser capaz de analizar las interrelaciones de los elementos dentro del sistema, entender los problemas de forma no lineal.

• Cuestionar los supuestos.

• Trabajo en equipo.

• Elaboración de visiones compartidas.

• Capacidad de aprender de la experiencia.

• Desarrollo de la creatividad.

▶ El desarrollo de infraestructuras y mecanismos de creación, captación, almacenamiento, transmisión e interpretación del conocimiento que permitan aprovechar y utilizar el aprendizaje:

- Desarrollar mecanismos de captación del conocimiento exterior.

- Desarrollar mecanismos de transmisión y difusión del conocimiento, tales como reuniones, informes, programas de formación internos, visitas, programas de rotación de puestos, creación de equipos multidisciplinares y aprovechar las nuevas tecnologías para este fin.

- Evitar comportamientos y estructuras que dificultan el aprendizaje como han sido las estructuras excesivamente burocratizadas, la planificación rígida y continuista, el liderazgo autoritario o paternalista, la orientación a corto plazo, la cultura de ocultar los errores, el individualismo y la búsqueda de la homogeneidad.

 Estos tres factores no son independientes, sino que son elementos dentro de un sistema, por lo que el cambio en uno de ellos afecta a los demás. Son elementos que condicionan el funcionamiento de la empresa y que, por tanto, bien usados generan valor, pero mal usados, pueden generar pérdida de valor.

3.3. Modelo Knowledge Management Assessment Tool (KMAT) de Arthur Andersen (1999)

Arthur Andersen propone acelerar el flujo de la información que tiene valor en dos direcciones: de los individuos a la organización y de la organización a los individuos.

Desde los individuos, es necesario asumir la responsabilidad personal de compartir y hacer explícito el conocimiento a toda la organización. Y desde la organización tienen que crear la infraestructura necesaria para hacer efectivos los procesos, el sistema y la cultura de la empresa que permitan capturar, analizar, sintetizar, aplicar, valorar y distribuir conocimiento.

El flujo de información opera de la siguiente manera:

1. Se entiende que la optimización del flujo de información permite la generación de valor para los clientes.

2. El individuo tiene que asumir la responsabilidad de compartir de manera explícita el conocimiento que posee para que toda la organización se beneficie.

3. La organización tiene que asumir la responsabilidad de generar un clima y una cultura idóneos y de proporcionar la infraestructura, la tecnología y las herramientas necesarias.

Para propiciar el flujo de información, se deben tener presentes dos aspectos:

1. Las redes utilizadas para compartir el conocimiento: espacios físicos o virtuales que fomentan el intercambio de experiencias.

2. El espacio de conocimiento donde se documentan las metodologías, experiencias y ejemplos para que estén a disposición de todos los miembros de la organización.

3.4. Modelo de gestión del capital humano y la función de RR. HH.

El valor de las personas viene definido por sus capacidades y por su compromiso, por sus competencias y por su motivación a la hora de trabajar. Desde los departamentos de RR. HH. tienen que trabajar en tres dimensiones:

1. Dimensión de las competencias:

   a) Gestión de las competencias: definición de las competencias clave, los valores necesarios alineados con la cultura de la empresa.

   b) Gestión de la formación: valorar la cantidad y la calidad de la formación continua de las personas, así como de las diferentes metodologías que existen: presencial, e-learning o mixta.

2. Dimensión de la innovación y la mejora continua:

   a) Gestión de la diversidad.

   b) Gestión de la colaboración.

   c) Gestión de la iniciativa y de la creatividad.

   d) Gestión del aprendizaje.

   e) Gestión del cambio.

3. Dimensión de la motivación y el compromiso:

   a) Gestión participativa: interiorización y compromiso con el proyecto.

   b) Gestión del reconocimiento, la motivación y la compensación.

   c) Gestión de la comunicación interna: canales, mensajes, etc.

d) Gestión del clima de trabajo.

e) Gestión del cumplimiento.

En la actualidad, de acuerdo a toda la dinámica que se está viviendo, han aparecido los departamentos de Gestión del Conocimiento y la figura del Gestor del Conocimiento *(Knowledge Manager)*, el cual es responsable de definir, impulsar, coordinar y evaluar los procesos que dan origen a la gestión del conocimiento de la organización.

3.5. Barreras y retos de la gestión del conocimiento

La gestión del conocimiento se puede encontrar diferentes barreras para su implantación, como por ejemplo:

▶ El número de personas en la empresa para poder asumir funciones de gestión del conocimiento.

▶ La resistencia al cambio de determinadas personas debido a que supone un cambio de cultura de organización.

▶ La falta de ejemplos prácticos y contrastados de forma continua de organizaciones para ser imitados.

Por otra parte, el mayor reto al que se enfrentan las organizaciones en cuanto a la Gestión del Conocimiento es la gestión del "big data", ya que se tiene acceso cada vez a más datos, pero hay saber decidir qué datos interesan y cuáles no.

Como hemos visto en esta unidad, la Gestión del Conocimiento (GC) es el conjunto de estrategias, métodos, prácticas y herramientas que permitan identificar, crear, intercambiar y aplicar el conocimiento para lograr los objetivos de la organización y generar valor. Pero no de forma individual, sino para el conjunto de la organización.

El **Sistema de Gestión del Conocimiento (SGC)** es el diseño y práctica de un entorno en la organización para capturar, almacenar, compartir y aplicar los recursos de conocimiento existentes para promover el aprendizaje y la innovación.

El **Sistema Informático de Gestión del Conocimiento (SIGC)** es la aplicación de herramientas tecnológicas para personalizar el aprendizaje, almacenarlo y facilitar su transferencia.

El **conocimiento** es un proceso que se origina en los hechos, se relacionan entre ellos y se interpretan con el objetivo de poder tomar mejores decisiones:

Datos ⟶ **Información** ⟶ **Conocimiento** ⟶ **Sabiduría**

Los componentes principales de la gestión del conocimiento son tres:

- Personas y sus competencias y, sobre todo, las competencias digitales.

- Las estructuras.

- Los procedimientos.

Y, finalmente, los **modelos teóricos de gestión del conocimiento** más populares son tres:

- Modelo de Nonaka y Takeuchi.

- Modelo de gestión KPMG.

- Modelo de gestión de Andersen.

UNIDAD DIDÁCTICA 2

*Soportes de la gestión
del conocimiento*

Contenido & Objetivos

Introducción

1.   Herramientas de medición y gestión

Resumen

El **objetivo** de esta unidad es:

1.   Conocer los soportes y las herramientas de medición y gestión que podemos utilizar para una buena gestión del conocimiento.

Introducción

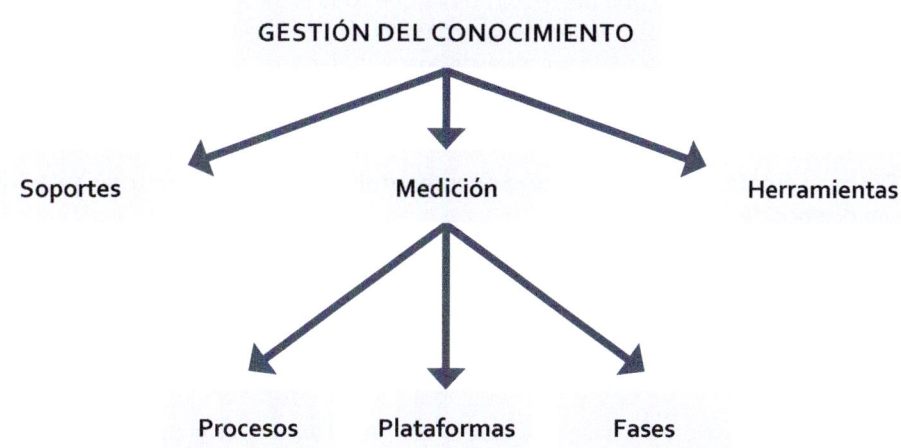

GESTIÓN DEL CONOCIMIENTO

Soportes — Medición — Herramientas

Procesos — Plataformas — Fases

Conozcamos ahora qué soportes y herramientas podemos utilizar para gestionar y llevar a cabo una medición sobre la gestión del conocimiento en la organización.

1. Herramientas de medición y gestión

1.1. Introducción

Para medir tenemos que saber qué medir y cuáles son los elementos que podemos utilizar para tal fin.

La gestión del conocimiento dispone de sus propios elementos claves, como hemos visto en la unidad anterior: las personas, la estructura organizativa (incluyendo en esta la tecnología disponible) y los procesos. Cualquiera de estos elementos es susceptible de evaluación y mejora, por lo que tiene que ser una decisión estratégica, establecer lo que se quiere medir para obtener una mejora del rendimiento de la organización.

1.2.　Soportes de gestión del conocimiento

En líneas generales, lo que perseguimos es que toda la información que se encuentra diluida en los distintos niveles de la organización, donde un volumen indeterminado de la misma está en la memoria de los trabajadores, pase a ser información asequible, utilizable y renovable en cualquier momento por las diferentes personas de la empresa.

Desde el ámbito de la **información documental** disponemos de herramientas que sirven de soporte:

1. **Programas de gestión documental e imagen:**

   - Generación de bases de datos referenciales a documentos y sus contenidos.

   - Digitalizar toda la información disponible solo en papel.

   - Generación de bases de datos con la información y conocimientos del personal responsable y encargado de cada área.

   - Programas ubicados en la red o intranet que interrelacionen y enlacen la información contenida en cada registro con formatos asociados a la misma (Word, Excel, etc.).

2. **Sistemas de edición electrónica,** en la red o en la nube, que nos faciliten la edición de la información de forma rápida y segura a bajo coste (intranet, extranet), facilitando la accesibilidad a todos nuestros colaboradores internos y externos.

3. **Motores de búsqueda,** que permiten:

   - Búsqueda y localización de información por medio de exploradores web.

   - Indexar la información localizada y permitir su accesibilidad, según parámetros establecidos.

   - Generación de bases de datos con la información recabada.

   - Programas de integración de información.

   - Posibilidad de integración de información procedente de diferentes programas y soportes digitales de gran capacidad de contenido (big data).

   - Contenidos con homogeneidad a su acceso.

   - Acceso según el perfil de usuario.

   - Acceso único y simultáneo a informaciones con origen indiferente de su origen (bases de datos documentales o relacionales).

4. **Sistemas interactivos** que definan las fuentes de los documentos (encuestas, formularios) y permitir su accesibilidad desde navegadores web tanto en la intranet como la extranet:

- Documentos interactivos donde los usuarios puedan rellenarlos de forma directa y sus respuestas sean enviadas al servidor.

- La respuestas a los formularios sean integradas a bases de datos definidas en el servidor.

- Tratamiento estadístico a las respuestas y organización de los envíos a listas de correo *(mailings)*.

La gran mayoría de los soportes para el conocimiento de la organización se obtienen con una inversión muy baja y una tasa de retorno importante que favorece el desempeño operativo.

Se puede hacer una evaluación del uso de cada una de estas herramientas para validar si procede o no seguir usándola o para mejorar su uso.

1.3. Herramientas de medición

Medir es una práctica que permite, por un lado, tener una información de la evolución de los aspectos que consideremos más importantes y, por otro lado, facilita la toma de decisiones.

Partiendo de los diferentes procesos que componen la gestión del conocimiento: identificar, adquirir, desarrollar, retener, difundir, utilizar, podemos señalar indicadores de medición:

Proceso estratégico de conocimiento	Indicadores
Identificar	Conocimiento demandado por la organización
	Conocimiento que posee la organización
	Vacíos de conocimiento de la organización

Proceso estratégico de conocimiento	Indicadores
Adquirir	Selección de conocimiento
	Condiciones para la adquisición
	Capacidad de aprendizaje organizacional
	Fuentes de conocimiento identificado
Desarrollar	Espacios de desarrollo de conocimiento
	Aprendizaje
	Investigación
	Creatividad
	Nuevo conocimiento
	Validación de nuevo conocimiento
Retener	Repositorios de conocimiento
	Conocimiento que se debe almacenar (conservar, retener)
	Conocimiento codificado
	Protección de conocimiento
	Actualización de repositorios de conocimiento
Difundir	Proceso de comunicación
	Conocimiento para difundir
	Potencialidad del conocimiento
	Emisor-Receptor (experto-usuario)
	Canales de difusión
	Entrega de conocimiento

Proceso estratégico de conocimiento	Indicadores
Utilizar	Utilidad de conocimiento
	Finalidad del conocimiento
	Aplicar

Si disponemos de una **plataforma o un portal de gestión del conocimiento**, podríamos trabajar con indicadores más concretos:

Proceso en la plataforma	Indicadores
Número de usuarios	Número total de usuarios de la plataforma
	Número de usuarios que hacen uso real de la plataforma
Número de consultas	Número de preguntas en la plataforma
	Tiempo de respuesta a las dudas
Número de documentos de creados	Número de documentos
	Frecuencia de creación
	Número de consultas a los documentos para validar su interés
Número de descargas de recursos	Recursos descargados para validar su importancia

Siguiendo el modelo de **Nonaka y Takeuchi,** se podrían valorar aspectos de acuerdo a las cuatro fases del ciclo del conocimiento:

Fase	Indicadores
Socialización	Trabajo en grupo
	Propuestas
Externalización	Experiencias y resultados
	Participación en redes de equipo
Combinación	Publicaciones
	Uso de plataformas
	Registro de nuevos conocimientos
Interiorización	Uso de metodologías

Una vez que conocemos los indicadores a medir, tenemos varias herramientas para conseguir los datos:

1. **Escalas de puntuación:** el evaluador debe conceder una evaluación subjetiva del desarrollo de los proyectos en una escala que vaya de bajo a alto.

2. **Lista de verificación:** requiere que las personas que evalúan seleccionen oraciones que describan el desarrollo del proyecto y sus características.

3. **Método de selección forzada:** obliga al evaluador a seleccionar la frase más descriptiva del desarrollo de un proyecto.

4. **Método de registro de acontecimientos críticos:** requiere que el evaluador lleve una bitácora diaria sobre el proyecto.

5. **Escalas de calificación conductual:** se utiliza un sistema de comparación del comportamiento de las personas con determinados parámetros conductuales específicos.

6. **Método de verificación de campo:** un representante cualificado del personal participa en la puntuación que conceden los supervisores a cada empleado en el desarrollo de un proyecto.

7. **Métodos de evaluación en grupos:** los enfoques de evaluación en grupos pueden dividirse en varios métodos que tienen en común la característica de que se basan en la comparación entre el desempeño del empleado y el de sus compañeros de trabajo en un proyecto.

8. **Método de categorización:** lleva al evaluador a colocar a sus empleados en una escala de mejor a peor en el desarrollo de un proyecto.

9. **Método de distribución forzada:** se pide a cada evaluador que ubique a sus compañeros en diferentes clasificaciones.

10. **Método de comparación por parejas:** el evaluador debe comparar a cada empleado contra todos los que están evaluados en el mismo grupo.

1.4. Elementos que favorecen el buen resultado de la gestión del conocimiento

Algunos de los elementos clave a medir para la gestión del conocimiento son:

▶ **Gestor del conocimiento:** el responsable de la organización de toda la información así como la distribución de estos aprendizajes dentro de la organización. Los gestores del conocimiento no deben hacer estas tareas en su totalidad, sino que deben motivar al resto de los compañeros a que transmitan la información.

▶ **Centros de información:** son los centros destinados a transferir e intercambiar los datos a todos los trabajadores e integrantes de los equipos de trabajo de diferentes áreas y niveles de jerarquía. Los centros de información permiten las interacciones e intercambios de información, desde diferentes puntos de vista. Pueden ser denominados sitios de intercambio de conocimiento.

▶ **Lecciones aprendidas:** es por esto que estas lecciones se deben transferir al resto de los equipos que conforman el proyecto. La transmisión de estos conocimientos se puede hacer a través de publicación de datos en intranet corporativa. Este tipo de evaluación es de beneficio tanto para el equipo de trabajo como para el resto de compañeros.

▶ **Administración de documentos:** es vital e importante que la información esté disponible de forma eficiente, es por esto que La administración de documentos trata de proveer soluciones para procesar, almacenar, cambiar, administrar, buscar y borrar documentos.

▶ **Soporte integrado con las Tecnologías de la Información (TI):** las TI juegan un papel muy importante en la gestión de la información en todo proyecto de gestión del conocimiento. Esta es almacenada, distribuida, combinada o manipulada con herramientas soportadas por las TI. Para el logro de mayores resultados, los trabajadores deben ser entrenados en el uso de las herramientas TI disponibles en la organización.

▶ **Capturar y usar el conocimiento de expertos que salen de la organización:** el entrenamiento en el uso de las herramientas y la experiencia de los diferentes trabajadores de una organización son factores que influyen en el mejor desempeño organizativo. Cuando se van estos trabajadores de la empresa, sus habilidades, conocimientos y experiencia también se van, constituyendo una pérdida para la organización a no ser que se tomen medidas oportunas. Algunas de las opciones que se pueden poner en práctica son utilizar el modelo tutor aprendiz, colocar al trabajador que se retira con un aprendiz juntos por un tiempo, hasta que este último adquiera parte de los conocimientos, o el experto que se retira podría ser recontratado como consultor a tiempo parcial. En cada caso es importante analizar la forma en que el conocimiento se asegura y se transfiere.

Finalmente, para alcanzar los mejores resultados de un proyecto de gestión del conocimiento, debemos abordar las siguientes premisas:

- Determinar la misión corporativa.

- El liderazgo de la dirección.

- Motivar al personal para participe de forma activa.

- Asegurar la transferencia continua y sintetizada de la información a todos los niveles de la estructura organizativa.

Para el logro de estos o cualquier otro de los objetivos que se planteen las empresas, es relevante que los encargados y responsables de la gestión corporativa, como los directores, afronten y encaren el diseño, ejecución y realización de los procesos de gestión de la información y el conocimiento de sus empresas.

La colaboración de especialistas, como los consultores, es la mejor garantía de que los resultados sean acordes con las expectativas y planteamientos inicialmente propuestos.

Un ejemplo de propuesta puede ser: que toda la información necesaria para el desarrollo de las actividades de los trabajadores debe ser accesible por medio de una intranet, mientras que a los clientes, proveedores y cualquier otro colaborador externo a la empresa por medio de Internet.

MediaServices, empresa dedicada a la consultoría y explotación de datos, desarrolló un programa que utiliza bases de datos, el cual está compuesto por una serie de campos que dan origen a un registro y cada registro a una incidencia.

Cada una de estas incidencias son registradas por la persona que la detecta en el área para la cual realiza su actividad. Estas incidencias son asignadas a esa área en particular.

Así, al final del mes, de todas las incidencias registradas se obtienen una serie de anotaciones en los procesos por áreas y, de aquí, se derivan las soluciones aportadas, fecha, resultados, según lo establecido en el manual de procedimientos.

Todos y cada uno de los registros permiten un tratamiento estadístico, redundando en una mejora en la productividad.

Adicionalmente, toda esta información interrelaciona con otra bases de datos de la empresa: clientes, proveedores, servicio técnico, producción, finanzas, ventas, etc.; así como con los motores de búsqueda de la intranet y exportación de la información a programas de usuario como procesadores de texto y hojas de cálculo. La combinación de todas y cada una de las partes de este proceso ayudan a que la empresa a lograr sus objetivos y resultados esperados.

Un segundo ejemplo al que podemos hacer mención en cuanto a la gestión del conocimiento es el de *Hewlett-Packard*:

Desde 1997, Hewlett-Packard (HP), mostró una gran preocupación por la gestión del conocimiento. Para solventar ciertas incidencias, HP estableció una red de colaboradores a través de una intranet denominada "Red de Expertos", donde cada uno de los trabajadores involucrados en los diferentes procesos y servicios, aportaron su idea y soluciones a las diferencias incidencias generadas en los procesos de producción.

Como resultado se redefinieron los objetivos de la organización:

- Aportar un mayor valor a los clientes incrementando el capital intelectual en los productos y servicios.

- Crear un entorno en el que cada trabajador compartiera sus conocimientos de forma colaborativa e entusiasta.

- Reutilizar y refrescar el conocimiento de la propia organización.

En esta unidad hemos visto la importancia de elegir qué indicadores queremos medir según los procesos que la organización decida implementar como su modelo de gestión del conocimiento:

Proceso estratégico de conocimiento	Indicadores
Identificar	Conocimiento demandado por la organización
	Conocimiento que posee la organización
	Vacíos de conocimiento de la organización
Adquirir	Selección de conocimiento
	Condiciones para la adquisición
	Capacidad de aprendizaje organizacional
	Fuentes de conocimiento identificado
Desarrollar	Espacios de desarrollo de conocimiento
	Aprendizaje
	Investigación
	Creatividad
	Nuevo conocimiento
	Validación de nuevo conocimiento
Retener	Repositorios de conocimiento
	Conocimiento que se debe almacenar (conservar, retener)
	Conocimiento codificado
	Protección de conocimiento
	Actualización de repositorios de conocimiento

Proceso estratégico de conocimiento	Indicadores
Difundir	Proceso de comunicación
	Conocimiento para difundir
	Potencialidad del conocimiento
	Emisor-Receptor (experto-usuario)
	Canales de difusión
	Entrega de conocimiento
Utilizar	Utilidad de conocimiento
	Finalidad del conocimiento
	Aplicar

Y las herramientas de las que dispone para su evaluación:

- Escalas de puntuación.

- Lista de verificación.

- Método de selección forzada.

- Método de registro de acontecimientos críticos.

- Escalas de calificación conductual.

- Método de verificación de campo.

- Métodos de evaluación en grupos.

- Método de categorización.

- Método de distribución forzada.

- Método de comparación por parejas.

UNIDAD DIDÁCTICA 3

Gestión del conocimiento en la empresa

Contenido & Objetivos

Introducción

1. **Gestión estratégica del conocimiento. El cuadro de mando integral**

2. **La arquitectura tecnológica como soporte de la gestión del conocimiento**

Resumen

Los **objetivos** de esta unidad son:

1. Definir la gestión estratégica del conocimiento.

2. Conocer el cuadro de mando integral (CMI) y su papel en la gestión del conocimiento.

3. Construir la arquitectura tecnológica necesaria como soporte de la gestión del conocimiento.

Introducción

 "El conocimiento se ha vuelto el recurso en vez de ser solo un recurso, es lo que hace que la nueva sociedad sea única en su clase".

Nonaka y Takeuchi, 1995 p. 5

Las organizaciones requieren preservar su conocimiento y darle un enfoque estratégico para la creación de valor para obtener ventajas competitivas y beneficios. Y para esta creación de valor requieren de una estrategia y de recursos tecnológicos.

Como hemos visto en unidades anteriores, la gestión del conocimiento se alinea con los objetivos de la organización y el desarrollo del negocio.

La Dirección tiene que definir de forma muy cuidadosa los objetivos de la gestión del conocimiento, para así garantizar la mejor utilización de los recursos, y de acuerdo a las necesidades y las constantes variaciones del mercado, debe revisar de forma regular la misión, visión, estrategias y objetivos de la organización.

El establecimiento de **estrategias de gestión del conocimiento** marcará el éxito de su implantación. Una amplia gama de herramientas y metodología para la puesta en marcha de la gestión del conocimiento hace suponer que la empresa dispondrá de una comprensión afianzada de lo que necesita para mantenerse actualizada en el mercado.

Sin el establecimiento de estrategias, no dispondremos de metas para evaluar cuáles han sido los cambios y desarrollos obtenidos y el nivel de compromiso. Lo que se traduce en la consistencia que debe tener la gestión del conocimiento en un corto plazo y facilitar las revisiones a futuro.

Al momento de llevar a la práctica una iniciativa de gestión del conocimiento, debemos plantearnos los siguientes interrogantes: ¿Dónde empezar? ¿Dónde canalizar los esfuerzos? ¿Cuáles son los conocimientos que se deben usar ahora y en el futuro? Preguntas que, aunque en determinados momentos son difíciles de responder, los responsables de la gestión directiva deben invertir tiempo en diagnosticar y decidir cuál será el rumbo a seguir.

Esta actividad de buscar respuestas no es exclusiva de la alta Dirección, sino que también debe formar parte del conjunto de trabajadores, para asegurar que la motivación y las necesidades operativas están cubiertas en el desarrollo del proceso de implementación.

1. Gestión estratégica del conocimiento. El cuadro de mando integral

1.1. La gestión estratégica del conocimiento

Podemos decir que la gestión estratégica es un modelo para ayudar a las organizaciones a formular su camino, poner en práctica procesos y medidas y evaluar su éxito. Los objetivos no solo se pueden quedar en grandes ideas, supuestos o intenciones, sino que requieren de una planificación concreta de acciones y puntos de control. Hacer que la estrategia a largo plazo se vea en el día a día.

Lo primero es formular la estrategia de la empresa, lo que implica:

1. La definición de la **misión**, **visión** y **valores** de la misma:

    ⇨ Una misión orientada a la gestión del conocimiento en la cual se defina el "por qué" dicha gestión ha de ser vital para la empresa en el marco de un mercado altamente competitivo.

    ⇨ Una visión que, de manera explícita, indique el "qué" de las pretensiones de la organización a largo plazo con la iniciativa de implantación de una gestión del conocimiento.

    ⇨ El establecimiento de valores condiciona los comportamientos, el "cómo" la organización se transforma en una empresa centrada en la gestión del conocimiento.

2. El **establecimiento de objetivos**. En referencia a la gestión del conocimiento, la gestión estratégica debería partir de hacernos las siguientes preguntas:

    ⇨ ¿Cuál es la perspectiva de negocio más significativa para el futuro próximo?

    ⇨ ¿Qué "áreas del conocimiento" son las más significativas para la perspectiva de los negocios seleccionados?

⇨ ¿Qué indicadores claves del desempeño que se utilizan en el negocio son aplicables a la perspectiva seleccionada?

⇨ ¿Cuál es el impacto actual y futuro de las áreas de conocimientos en los indicadores claves del desempeño?

⇨ ¿Cuál es el estado de nuestras áreas de conocimiento y dónde debemos mejorar?

⇨ ¿Cuál es nuestro plan y cómo debemos monitorear su progreso?

3. El establecimiento de **indicadores de rendimiento**.

4. La construcción de **metas y planes de acción**.

5. El nombramiento de **responsables estratégicos**.

6. Desarrollar un **plan de comunicación** que vincule a las personas.

Una vez definida, viene la implementación del cuadro de mando integral.

1.2. El cuadro de mando integral

En 1992, Kaplan y Norton publicaban la herramienta de *Balanced Scorecard* o **Cuadro de Mando Integral (CMI)** para facilitar la gestión estratégica. De forma gráfica y sencilla, un cuadro de mandos sirve para validar el funcionamiento de la organización.

En origen, el CMI se ha identificado con las **cuatro dimensiones clave** de la empresa:

▶ **Financiera:** lo que esperan los socios, accionistas o propietarios de la empresa.

▶ **Cliente:** ¿cuál es nuestra propuesta de valor al cliente? ¿Qué debemos aportar al cliente/mercado para ser capaces de alcanzar los objetivos de la perspectiva financiera y nuestra visión?

▶ **Procesos Internos:** ¿en qué procesos o actividades de trabajo debemos ser excelentes para poder aportar el valor al cliente?

▶ **Recursos o Aprendizaje (Formación):** ¿cuál es nuestra cultura organizativa? ¿Disponemos de las personas, medios y conocimientos (capacidades) necesarios para poder alcanzar nuestra visión?

Y concede a cada una de ellas una serie de indicadores para validar si estamos en la dirección correcta en el día a día.

Clientes		Financiera		Procesos		Aprendizaje	
Metas	Indicadores	Metas	Indicadores	Metas	Indicadores	Metas	Indicadores

1.3. El cuadro de mando integral en la gestión del conocimiento

Al igual que el CMI sirve para la gestión estratégica de toda la empresa, se puede generar un CMI de la gestión del conocimiento.

Establecemos, por ejemplo, **cuatro momentos en la gestión del conocimiento**:

⇨ Obtención del conocimiento.

⇨ Creación o descubrimiento del conocimiento.

⇨ Uso y desarrollo del conocimiento.

⇨ Difusión del conocimiento.

Y, a continuación, desarrollamos un CMI adaptado.

Creación		Obtención		Difusión		Uso	
Metas	Indicadores	Metas	Indicadores	Metas	Indicadores	Metas	Indicadores

Seleccionamos indicadores para cada uno de los apartados y podemos comprobar día a día si estamos en la dirección correcta.

Lo importante es tomar decisiones en base a datos, no por intuición. La gestión estratégica perfila indicadores y el cuadro de mando es una herramienta que hace visible la estrategia en el día a día.

2. La arquitectura tecnológica como soporte de la gestión del conocimiento

El Sistema Informático de Gestión del Conocimiento es el conjunto de elementos basados en las tecnologías de la información y la comunicación (TIC) para apoyar los procesos de captura, creación, transferencia y aplicación del conocimiento.

Pueden estar por separado, como el uso de dispositivos y aplicaciones, o integrados en un elemento central, como un portal de Internet, pero es importante que la organización tenga un mapa de todos los elementos informáticos que utiliza. Es decir, que aunque existan un gran número de herramientas, la organización tiene que tener una planificación de todas ellas.

Siguiendo a Gerber (2206; 157), la arquitectura de un sistema incluye la organización o estructura de los componentes medulares identificados, sus características o propiedades, así como las relaciones y las interfaces entre los componentes y entidades externas. Por tanto, una arquitectura tecnológica debe representar los componentes necesarios para desarrollar un sistema de gestión del conocimiento.

Vayamos paso a paso en la construcción de una arquitectura tecnológica, sirviéndonos del ejemplo de la implantación de un Sistema Informático de Gestión del Conocimiento en las Instituciones de Enseñanza Superior que proponen De Freitas, V. y Yáber, G. (2015).

1. **Primer paso:** partimos de cuatro momentos en la gestión del conocimiento:

    a) Obtención del conocimiento.

    b) Creación o descubrimiento del conocimiento.

    c) Uso y desarrollo del conocimiento.

    d) Difusión del conocimiento.

2. **Segundo paso:** en cada momento, identificamos una serie de elementos/funciones tecnológicas a tener en cuenta:

Obtención del conocimiento	Creación/ descubrimiento del conocimiento	Uso/desarrollo del conocimiento	Difusión/ compartir el conocimiento
• Motores de búsqueda de información. • Automatiza-ciones. • Mapas de conocimiento. • Distribución personalizada de la información.	• Herramientas de mapas conceptuales. • Herramientas de soporte a la generación de ideas. • Minería de datos. • Herramientas de presentación visual de datos. • Minería de textos.	• Herramientas de simulación. • Sistemas basados en inteligencia artificial.	• Plataformas de aprendizaje online. • Herramientas colaborativas.

3. **Tercer paso:** observamos que los elementos/funciones cumplen con la espiral de Nonaka y Takeuchi (1995):

Conocimiento	A lo tácito	A lo explícito
De lo tácito	Socialización.	Externalización.
	• Herramientas colaborativas. • Mapas de conocimiento.	• Herramientas colaborativas. • Sistemas basados en inteligencia artificial. • Herramientas de simulación.
De lo explícito	Interiorización.	Combinación.
	• Motores de búsqueda. • Automatizaciones. • Distribución personalizada de la información. • Plataformas de aprendizaje online.	• Herramientas colaborativas. • Minería de datos. • Minería de textos. • Herramientas de mapas conceptuales. • Herramientas de soporte a la generación de ideas y creatividad.

4. **Cuarto paso:** el paso siguiente es identificar herramientas tecnológicas para cada una de las funciones que hemos establecido, por si existen, por si las utilizamos o por si se necesita crear alguna nueva:

Momento	Proceso de conocimiento	Elemento	Descripción	Herramienta
Obtención del conocimiento	Interiorización	Motores de búsqueda.	Sistemas informáticos que indexan archivos almacenados en web.	Google.
		Herramientas de obtención/ captura del conocimiento.	Facilita el registro y clasificación de contenidos.	Gestor de documentos, vídeos, audios.
		Automatizaciones.	Programas que realizan tareas específicas.	Antispam Copia de seguridad.
		Distribución personalizada de la información.	Software que permite escoger qué información se envía.	
	Socialización	Mapas de conocimiento.	Seguimiento del proceso que sigue un conocimiento.	
		Suscripción.	Acceso a información externa.	

Momento	Proceso de conocimiento	Elemento	Descripción	Herramienta
Uso del conocimiento	Externaliza-ción.	Herramientas de simulación.	Programas que permiten la simulación de tareas.	
		Sistemas de Inteligencia Artificial.	Aplicaciones informáticas con capacidad inteligente.	IA. C-Maps.
Creación/ descubri-miento del conocimiento	Combinación.	Herramientas de mapas conceptuales.	Aplicaciones que permiten representar esquemas.	
		Software de generación de ideas.	Aplicaciones para favorecer la creatividad.	
		Minería de datos.	Agregación de datos.	
		Herramientas de presentación de datos.	Software de cálculo y de visualización.	EXCEL. R.Power BI. Tableau.
		Minería de textos.	Análisis y síntesis de textos.	
Difusión de conocimiento	Interioriza-ción.	Plataforma online.	Sistemas de formación a distancia.	Moodle. Videoconfe-rencia.
	Socialización	Herramientas colaborativas.	Conexión entre presonas.	Redes sociales. Videoconfe-rencia. Email. Chat. Wiki.

5. **Quinto paso:** finalmente, podemos establecer la arquitectura tecnológica en capas para un nuevo portal que complemente los elementos/funciones de los que ya disponemos.

Capa 1	Interfaz de usuario (acceso al portal del conocimiento).
Capa 2	Autorización y acceso.
Capa 3	Aplicación.
Capa 4	Procesos/herramientas.
Capa 5	Repositorio.
Capa 6	Infraestructura.

Veamos las capas con más detalle:

1. **La capa de interfaz** es el punto de inicio para los usuarios para poder acceder a los servicios, contenidos y herramientas del portal.

2. **La capa de suscripción, autenticación y acceso** regula el registro de los usuarios, ya que a través de la autenticación tendrán acceso a unos determinados servicios o no. Es un elemento de seguridad del Sistema Informático de Gestión del Conocimiento.

3. **La capa de aplicación** será un espacio de repositorios de información: bases de datos, calendarios, documentación, herramientas de análisis...

4. **La capa de procesos** dispondrá de herramientas de servicios:

   - Motores de búsqueda para localizar documentos que cumplen con requisitos específicos.

   - Herramientas para capturar, almacenar, clasificar, editar y aprobar el conocimiento.

   - Herramientas para buscar, recuperar y analizar el conocimiento.

   - Herramientas colaborativas para buscar y contactar con otros usuarios y expertos.

   - Herramientas de aprendizaje online.

   - Repositorios.

5. **La capa de repositorio** contiene *Data Mining* (Minería de datos), *Text Mining* (Minería de Texto) y *Web Mining* (Minería Web).

6. **La capa de infraestructura** se compondrá de los componentes de hardware y software necesarios para la eficacia del portal: seguridad, redes, bases de datos, procesadores, servidores...

- Puedes ampliar información sobre arquitectura de la gestión del conocimiento en el siguiente enlace:

  https://core.ac.uk/download/pdf/11877574.pdf

- Y sobre gestión de conocimiento para la innovación en tecnología educativa en el enlace:

  https://educacionconinnovacion.com/2024/08/01/aprendizaje-en-las-organizaciones-y-gestion-del-conocimiento-el-rol-de-la-tecnologia-educativa-y-la-innovacion/

En esta unidad nos hemos centrado en comprender que la gestión del conocimiento requiere estar alineada con la estrategia de la empresa y formar parte de la misión, visión y valores de la misma.

Al igual que para gestionar la empresa tenemos como herramienta el Cuadro de Mando Integral, para dirigir un sistema de gestión del conocimiento, también necesitamos crear nuestro propio cuadro de mandos.

Creación		Obtención		Difusión		Uso	
Metas	Indicadores	Metas	Indicadores	Metas	Indicadores	Metas	Indicadores

Y, finalmente, si necesitamos de la elaboración de sistemas informáticos propios, debemos pensar en la arquitectura del mismo definiendo "capas" y servicios en cada una de ellas que estén asociados a los procesos de gestión del conocimiento.

UNIDAD DIDÁCTICA 4

Proyectos de sistemas de gestión del conocimiento

Contenido & Objetivos

Introducción

1. Metodología para el desarrollo e implantación de un sistema de gestión del conocimiento

2. Planificación, desarrollo y gestión de proyectos de gestión del conocimiento

Resumen

Los **objetivos** de esta unidad son:

1. Establecer una metodología para el desarrollo e implantación de un sistema de gestión del conocimiento.

2. Planificar, desarrollar y gestionar proyectos de gestión del conocimiento.

Introducción

Como hemos visto en la unidad anterior, la Gestión del Conocimiento se alinea de forma estratégica con los objetivos de la organización y el desarrollo del negocio.

Para llevarla a cabo es necesario establecer una metodología de implantación y un modelo de ejecución de proyectos.

1. Metodología para el desarrollo e implantación de un sistema de gestión del conocimiento

 La **metodología** es el conjunto de procedimientos racionales utilizados para alcanzar un objetivo, en este caso, el desarrollo de acciones integradas en un sistema de gestión del conocimiento.

La metodología para el desarrollo e implementación de un sistema de gestión del conocimiento pasa por seis fases:

Fase 1	Fase 2	Fase 3	Fase 4	Fase 5	Fase 6
Inspiración	Estrategia	Análisis técnico	Prototipado	Implementación	Mejora continua

1. **Fase 1: inspiración**

La fase de inspiración consiste en **comprender, interiorizar y transmitir la importancia de la gestión del conocimiento**. Principalmente, orientada al equipo directivo como núcleo de la toma de decisiones de la empresa.

Se puede trabajar sobre los tres componentes de la gestión del conocimiento:

a) Personas: estrategias de comunicación para la alineación con la misión, visión y valores de la empresa, definiendo lo que es y lo que se quiere conseguir con la gestión del conocimiento.

b) Estructuras: se puede crear un departamento o una dirección de gestión del conocimiento y dotar de medios, sobre todo, tecnológicos como intraweb, portales, equipos informáticos o software para el trabajo colaborativo.

c) Procesos: se idean supuestos para la gestión del conocimiento o se comparan modelos existentes en otras empresas.

2. **Fase 2: Estrategia**

La fase de estrategia es el momento de pensar en la implantación de un modelo de gestión del conocimiento.

Para esta estrategia tenemos que plantearnos seis preguntas:

1. ¿Qué queremos conseguir? Tenemos que determinar las expectativas más significativas del negocio o el desarrollo de nuevos productos.

2. ¿Cuáles son las áreas del conocimiento más relevantes? Las áreas de conocimiento comprenden desde la gestión de proyectos hasta administrar los proyectos.

3. ¿Cuáles de los Indicadores Clave de Desempeño (ICD) que se utilizan en el negocio son aplicables a las expectativas seleccionadas para la gestión del conocimiento? Los ICD se extraen de forma directa de las estrategias iniciales del negocio.

4. ¿Cuál es el impacto actual y futuro de las áreas de conocimiento en los ICD? Se definen las áreas clave del conocimiento con el mayor impacto actual y futuro.

5. ¿Cuál es el estado de nuestras áreas de conocimiento y dónde debemos mejorar? Identificar los recursos de la organización. Esta fase del proceso utiliza tres factores claves que sirven para evaluar el estado actual del área del conocimiento.

    •   Habilidades (destrezas y experiencias) vinculadas a personas particulares en el organigrama organizativo.

    •   Difusión o distribución de las habilidades y experiencia en toda la plantilla.

- Codificación de la documentación del conocimiento y estructura de la organización.

6. ¿Cuál es el plan y cómo se debe hacer el seguimiento? Determinar cómo se van a llevar a cabo las diferentes acciones y en qué áreas y procesos deberán centrarse. Y también, establecer las medidas de seguimiento para que se puedan elaborar propuestas y acciones para mejorar el conocimiento o aprendizaje.

3. **Fase 3: Análisis técnico**

Una vez diseñada la estrategia es necesario que se evalúe de forma técnica para analizar las posibilidades reales de su implementación. Es necesario pasar por un filtro técnico que analice los recursos de la empresa y, en especial, los recursos tecnológicos disponibles en la empresa, como la integración de los sistemas de información o el uso de bases de datos.

Preguntas posibles en esta fase serían:

- ¿Disponemos de herramientas que pueden desarrollarse o que puedan ser adaptadas posteriormente?

- ¿Podemos elaborar nosotros mismos las herramientas o necesitamos comprarlas a proveedores externos?

- ¿Hay alguna solución alternativa?

- ¿Requerimos de ayuda externa?

- ¿Cuánto nos costará?

4. **Fase 4: Prototipado**

Antes de implementar el sistema de gestión del conocimiento o generar un cambio en él, es importante trabajar con un prototipo.

El **prototipado** es la implementación de una medida de gestión del conocimiento entre un grupo de participantes para analizar los resultados. El objetivo de este prototipado es extraer conclusiones que favorezcan la implantación de la gestión del conocimiento en toda la organización.

5. **Fase 5: Implantación**

Una vez realizado y validado el prototipo, es el momento de la implantación de las acciones de gestión del conocimiento. Ahora, el nuevo modelo de gestión del conocimiento se amplía a toda la organización.

6. **Fase 6: Mejora continua**

Una vez realizada la implementación, es necesario disponer de un modelo de mejora continua, lo que supone la institucionalización del modelo, su seguimiento, revisión y propuesta de mejoras.

2. Planificación, desarrollo y gestión de proyectos de gestión del conocimiento

Los proyectos de Gestión del Conocimiento, ya sean como prototipos o como proyectos confirmados, tienen cuatro etapas:

Fase 1	Fase 2	Fase 3	Fase 4
Elaboración del diagnóstico	Establecimiento de objetivos	Implantación	Medición

Las etapas van a variar en complejidad o duración en el tiempo, según el grado de dificultad que presente la organización en el uso y manejo de su información, las competencias que dispongan los trabajadores y la tecnología disponible.

En todas y cada una de las etapas, la Alta Dirección debe demostrar un gran nivel de compromiso en el desarrollo y logro de los resultados en el proyecto inicial.

Se aconseja empezar con proyectos específicos como la creación de un boletín electrónico, una intranet o una red corporativa. Este tipo de proyectos conforma un canal efectivo para la introducción de la gestión del conocimiento organizativa. Y, a partir de implementar un proyecto, ir generando otros.

1. **Etapa 1: diagnóstico**

El diagnóstico de la situación actual de la empresa supone determinar cuál es la situación real de la organización en términos de conocimiento estableciendo un "mapa de conocimiento" organizacional indicando:

- Lo que la empresa sabe que sabe: hacer que el conocimiento implícito se vuelva explícito. Definir qué profesionales tienen conocimientos clave en la creación de valor de la empresa.

- Lo que la empresa sabe que no sabe: definir las lagunas o faltas de conocimiento que existen.

- Lo que la empresa no sabe que sabe: establecer vías para investigar sobre la empresa.

- Lo que la empresa no sabe que no sabe: futurizar, ver desde fuera, descubrir y explorar.

2. **Etapa 2: objetivos**

Analizada la situación real de la empresa, se definen los objetivos concretos a conseguir con la puesta en práctica de un prototipo o proyecto.

Los objetivos deben establecerse siguiendo los **criterios SMART**, acrónimo de las palabras inglesas:

- *Specific* (específico): tiene que ser lo más específico posible, no valen generalidades.

- *Measurable* (medible): si es un objetivo tenemos que saber cuándo diremos que se ha conseguido o no, por tanto, tenemos que saber cómo lo vamos a medir, cuándo vamos a saber si lo hemos logrado.

- *Approachable* (alcanzable): un objetivo es alcanzable en la medida en que disponemos o podemos disponer de conocimientos, habilidades y recursos para alcanzarlo.

- *Realistic* (realista): un objetivo específico, que podemos medir y que es alcanzable tiene bastantes posibilidades de lograrse, pero ¿es realista?

- *Temporary* (temporal): finalmente, un objetivo tiene que estar temporalizado en el tiempo, es decir, se tiene que marcar una fecha en la que valorar si se ha cumplido o no el objetivo.

3. **Etapa 3: implantación**

En esta fase de implementación incluimos todas las acciones diseñadas para el buen desarrollo del proyecto de gestión del conocimiento en la organización y, de ser necesario, la formación y el entrenamiento de los usuarios en el uso de las herramientas y metodología a usar.

Acciones correspondientes a los procesos en la gestión del conocimiento:

Proceso de gestión del conocimiento	Acciones
Identificar conocimiento	• Revisión después de la acción • Lecciones aprendidas • Balances de conocimientos • Portafolio del conocimiento • Mapas del conocimiento • Agente del conocimiento • Tablero de comando • Evaluación de patentes
Crear el conocimiento	• Mejores prácticas • Tormenta de ideas • Mapas cognitivos • Socios externos • Evaluaciones comparativas externas • Fusiones y adquisiciones • Evaluaciones comparativas internas • Espacio abierto • Historias de éxitos • Esquemas de sugerencias • Círculos del conocimiento • Talleres • Bibliotecas

Proceso de gestión del conocimiento	Acciones
Almacenar el conocimiento	• Bases de datos • Sistemas de gestión de documentos • Bases de datos de empleados (conocimientos, formación, experiencias, etc.) • Páginas amarillas • Almacén de datos • Sistemas expertos • Literatura especializada • Manuales
Compartir y usar el conocimiento	• Conferencias internas • Videoconferencias • Foros de discusión • Línea de consulta • Intranet • Publicaciones empresariales sobre empleados • Grupos de noticias • Circulares • Encuentros de conocimiento (internos)

Es importante destacar las actividades de almacenaje y actualización, ya que, como su nombre indica, en esta etapa se codifica, clasifica y actualizan los conocimientos en bases de datos para que sean de fácil acceso a todos los usuarios y en tiempo real. Lo que, en el fondo, consiste en la base de la gestión del conocimiento: que el conocimiento de cada persona pueda ser utilizado por todo el equipo que compone la organización.

Como factores a destacar en este momento del proyecto tenemos:

• **Las personas.** Aquellos trabajadores que posean un grado de interés en aportar ideas, experiencias, soluciones, ayudaran al éxito del proyecto de gestión del conocimiento. Sin interés o iniciativa no se consigue apoyo y el desarrollo del proyecto no se desenvolverá de la forma adecuada.

- **Tiempo.** Es importante equilibrar las cargas en el equipo de gestión del conocimiento. Si el equipo tiene mucha carga de trabajo, el proyecto empezará a ralentizarse, lo que originaría una pérdida de interés y resultados negativos en la gestión del proyecto.

- **Control del presupuesto.** Se ha de realizar una estimación lo más detallada posible de los costos del proyecto y controlar las desviaciones.

4. **Etapa 4: medición**

Medición del desempeño. Determina los ciclos de gestión de conocimiento y los indicadores que miden el impacto del mismo en los resultados esperados, siendo los más frecuentes:

- Aumento del volumen del contenido de conocimientos y su uso.

- Grado de participación. El éxito del proyecto radicará en que se convierta en una iniciativa organizacional y pierda el carácter individual.

- Comodidad por parte de la organización con la implantación de la gestión del conocimiento.

- Valor generado. Considerar el proyecto de gestión del conocimiento como una fuente de ingreso, probando una existencia de los resultados o retornos financieros, como actividad propia del proyecto.

En el siguiente enlace Fran Gómez Puig y Julián Horrillo Tello desarrollan el diseño de una metodología para la implantación de un sistema de gestión del conocimiento en una organización:

https://www.obsbusiness.school/blog/gestion-del-conocimiento-como-aplicarlo-la-empresa#:~:text=Para%20aplicar%20la%20gesti%C3%B3n%20del,esfuerzos%20de%20KM%20de%20manera

En esta última unidad hemos visto la importancia de tener un método y una secuencia para la implantación de proyectos para la gestión del conocimiento.

En cuanto a la metodología para el **desarrollo e implementación de un sistema de gestión del conocimiento**, hemos indicado que pasa por seis fases:

Fase 1	Fase 2	Fase 3	Fase 4	Fase 5	Fase 6
Inspiración	Estrategia	Análisis técnico	Prototipado	Implementación	Mejora continua

Y en cuanto a los proyectos de gestión del conocimiento, ya sean como prototipos o como proyectos confirmados, tienen que pasar por **cuatro etapas**:

Fase 1	Fase 2	Fase 3	Fase 4
Elaboración del diagnóstico	Establecimiento de objetivos	Implantación	Medición

TEST DE UNIDADES DIDÁCTICAS

ENUNCIADOS

Unidad 1

1. **Sistema de gestión del conocimiento:**

   a) El conjunto de estrategias, métodos, prácticas y herramientas que permitan identificar, crear, intercambiar y aplicar el conocimiento para lograr los objetivos de la organización y generar valor.

   b) La aplicación de herramientas tecnológicas para personalizar el aprendizaje, almacenarlo y facilitar su transferencia.

   c) El diseño y práctica en la organización para capturar, almacenar, compartir y aplicar los recursos de conocimiento existentes para promover el aprendizaje y la innovación.

   d) Es el esquema que estructura el conocimiento crítico de una organización y sus diferentes categorías con enlaces a personas expertas y/o documentos.

2. **Los datos:**

   a) Son un conjunto de hechos procesados, es decir, que se les ha dado sentido mediante una relación.

   b) Son hechos estructurados o no, que no poseen relación directa.

   c) Son el conjunto de representaciones basadas en la información de la que disponemos.

   d) Son los resultados, en cifras, de la organización o empresa.

3. **La gestión de la identidad digital se refiere a:**

   a) Estar familiarizado con las normas de conducta en interacciones en línea o virtuales.

   b) Crear, adaptar y gestionar una o varias identidades digitales protegiendo la propia reputación.

   c) Colaboración mediante canales digitales.

   d) Usar el DNI electrónico para identificarse digitalmente.

4. **La revisión de expertos** *(peer review)*:

   a) Es una reunión de carácter periódico de los responsables de área en la que se revisan los proyectos que están en marcha y se resuelven los problemas de coordinación que puedan existir.

   b) Permite acceder, en el momento adecuado, al conocimiento adquirido previamente por otros miembros de la organización.

   c) Son la relación de los colaboradores de la organización en la que se detalla "lo que saben sobre", con el objeto de poner a disposición de la organización su conocimiento y experiencia.

   d) Es una reunión de carácter anual de los responsables de área en la que se hace balance de los proyectos realizados.

5. **Las páginas amarillas del conocimiento:**

   a) Permiten acceder, en el momento adecuado, al conocimiento adquirido previamente por otros miembros de la organización.

   b) Son la relación de los colaboradores de la organización en la que se detalla "lo que saben sobre", con el objeto de poner a disposición de la organización su conocimiento y experiencia.

   c) Son una reunión de carácter periódico de los responsables de área en la que se revisan los proyectos que están en marcha y se resuelven los problemas de coordinación que puedan existir.

   d) Constituyen la memoria anual de una empresa u organización.

6. **El conocimiento tácito es aquel que está codificado y representado de forma articulada, lo que lo convierte en una fuente de conocimiento para otras personas.**

   a) Verdadero.

   b) Falso.

7. **En el modelo de gestión del conocimiento de Nonaka y Takeuchi, la externalización se dirige:**

   a) Del conocimiento tácito al conocimiento tácito.

   b) Del conocimiento tácito al conocimiento explícito.

   c) Del conocimiento explícito al conocimiento explícito.

   d) Del conocimiento explícito al conocimiento tácito.

8. **En el modelo de gestión KPMG, los factores que determinan la capacidad de aprender de una organización son:**

   a) El compromiso de la empresa, la disposición de las personas y el desarrollo de infraestructuras.

   b) La proactividad, el trabajo en equipo y la creatividad.

   c) Los mecanismos de captación del conocimiento exterior, interior y superior.

   d) El conocimiento tácito y el conocimiento explícito.

9. **Arthur Andersen propone acelerar el flujo de la información que tiene valor en dos direcciones: de los individuos a la organización y de la organización a los individuos.**

   a) Verdadero.

   b) Falso.

10. **La dimensión de las competencias de los departamentos de Recursos Humanos registra:**

a) La gestión del clima de trabajo.
b) La gestión del cambio.
c) La gestión de la formación.
d) La gestión de altas y bajas en la empresa.

Unidad 2

1. **Entre los soportes de la gestión del conocimiento existen los motores de búsqueda, que permiten:**

   a) La generación de bases de datos referenciales a documentos y sus contenidos.
   b) La localización de información por medio de exploradores web.
   c) Documentos interactivos donde los usuarios puedan rellenarlos de forma directa y sus respuestas sean enviadas al servidor.
   d) La accesibilidad de todos nuestros colaboradores internos y externos.

2. **Entre los soportes de la gestión del conocimiento existen los programas de gestión documental e imagen, que permiten:**

   a) Que las respuestas a los formularios sean integradas a bases de datos definidas en el servidor.
   b) La digitalización de toda la información disponible solo en papel.
   c) La indexación de la información localizada y permitir su accesibilidad, según parámetros establecidos.
   d) La búsqueda y localización de información por medio de exploradores web.

3. **¿Qué indicadores se corresponden con el proceso de gestión del conocimiento: identificar?**

   a) Vacíos de conocimiento de la organización.
   b) Fuentes de conocimiento identificado.
   c) Creatividad.
   d) Uso de las TIC.

4. **¿Qué indicadores se corresponden con el proceso de gestión del conocimiento: adquirir?**

   a) Vacíos de conocimiento de la organización.
   b) Fuentes de conocimiento identificado.
   c) Creatividad.
   d) Uso de las TIC.

5. **¿Qué indicadores se corresponden con el proceso de gestión del conocimiento: desarrollar?**

   a) Vacíos de conocimiento de la organización.
   b) Fuentes de conocimiento identificado.
   c) Creatividad.
   d) Uso de las TIC.

6. **¿Qué indicadores se corresponden con el proceso de gestión del conocimiento: utilizar?**

   a) Conocimiento codificado.
   b) Canales de difusión.
   c) Finalidad del conocimiento.
   d) Medios tecnológicos utilizados.

7. **¿Qué indicadores se corresponden con el proceso de gestión del conocimiento: desarrollar?**

   a) Espacios de desarrollo de conocimiento.
   b) Conocimiento demandado por la organización.
   c) Selección de conocimiento.
   d) Diseño de un proyecto.

8. **La lista de verificación se corresponde con:**

   a) El evaluador debe conceder una evaluación subjetiva del desenvolvimiento del empleado en una escala que vaya de bajo a alto.
   b) Requiere que la persona que otorga la calificación seleccione oraciones que describan el desenvolvimiento del empleado y sus características, el evaluador suele ser el supervisor inmediato.
   c) Obliga al evaluador a seleccionar la frase más descriptiva del desempeño del empleado en cada par de afirmaciones que encuentra.
   d) Lleva al evaluador a colocar a sus empleados en una escala de mejor a peor en el desarrollo de un proyecto.

9. **Las escalas de calificación conductual se corresponden con:**

   a) Requiere que el evaluador lleve una bitácora diaria.
   b) Utilizan el sistema de comparación del desempeño del empleado con determinados parámetros conductuales específicos.
   c) Un representante cualificado del personal participa en la puntuación que conceden los supervisores a cada empleado.
   d) Requiere que las personas que evalúan seleccionen oraciones que describan el desarrollo del proyecto y sus características.

10. **Los métodos de evaluación en grupos se corresponden con:**

    a) Se basan en la comparación entre el desempeño del empleado y el de sus compañeros de trabajo.
    b) Lleva al evaluador a colocar a sus empleados en una escala de mejor a peor.
    c) Se pide a cada evaluador que ubique a sus empleados en diferentes clasificaciones.
    d) Se utiliza un sistema de comparación del comportamiento de las personas con determinados parámetros conductuales específicos.

Unidad 3

1. **La planificación estratégica de la gestión del conocimiento es exclusiva de la Alta Dirección:**

   a) Verdadero.
   b) Falso.

2. **La Visión de la estrategia de la gestión del conocimiento:**

   a) Indica el "qué" de las pretensiones de la organización a largo plazo con la iniciativa de implantación de una gestión del conocimiento.
   b) Define el "por qué" dicha gestión ha de ser vital para la empresa en el marco de un mercado altamente competitivo.
   c) Condiciona los comportamientos, el "cómo" la organización se transforma en una empresa centrada en la gestión del conocimiento.
   d) Indica lo que esperan los socios, accionistas o propietarios de la empresa.

3. **Cuando hablamos del "por qué" la gestión del conocimiento ha de ser vital para la empresa en el marco de un mercado altamente competitivo, nos referimos a:**

   a) La visión de la estrategia.
   b) La misión de la estrategia.
   c) Los valores de la estrategia.
   d) La construcción de metas y planes de acción.

4. **Cuando hablamos de "cómo" la organización se transforma en una empresa centrada en la gestión del conocimiento, nos referimos a:**

   a) La misión de la estrategia.
   b) La visión de la estrategia.
   c) Los valores de la estrategia.
   d) El establecimiento de indicadores de rendimiento.

5. **El CMI clásico en la dirección de la empresa engloba cuatro apartados que son:**

   a) Finanzas, marketing, recursos humanos y gerencia.
   b) Financiero, administrativo, contable y producción.
   c) Financiero, cliente, procesos y recursos.
   d) Finanzas, marketing, recursos humanos y dirección.

6. **El campo cliente del CMI se relaciona con:**

   a) Lo que esperan los socios, accionistas o propietarios de la empresa.
   b) Nuestra propuesta de valor al cliente.
   c) La gestión del conocimiento.
   d) Nuestra cultura organizativa.

7. **El CMI facilita tomar decisiones en base a datos y no por intuición.**

   a) Verdadero.
   b) Falso.

8. **En la arquitectura de un portal de gestión del conocimiento, la capa de suscripción, autenticación y acceso:**

   a) Es el punto de inicio para los usuarios para poder acceder a los servicios, contenidos y herramientas del portal.
   b) Regula el registro de los usuarios, ya que a través de la autenticación tendrán acceso a unos determinados servicios o no.
   c) Será un espacio de repositorios de información: bases de datos, calendarios, documentación, herramientas de análisis...
   d) Contendrá Data Mining (Minería de Datos), Text Mining (Minería de Texto) y Web Mining (Minería Web).

9. **En la arquitectura de un portal de gestión del conocimiento, la capa de infraestructura:**

   a) Dispondrá de herramientas de servicios.
   b) Contendrá Data Mining (Minería de Datos), Text Mining (Minería de Texto) y Web Mining (Minería Web).
   c) Se compondrá de los componentes de hardware y software necesarios para la eficacia del portal: seguridad, redes, bases de datos, procesadores, servidores...
   d) Es el punto de inicio para los usuarios para poder acceder a los servicios, contenidos y herramientas del portal.

10. **Los autores que idearon el Balanced Scorecard o Cuadro de Mando Integral (CMI) para facilitar la gestión estratégica fueron Kaplan y Norton en 1992.**

    a) Verdadero.
    b) Falso.

Unidad 4

1. La metodología para el desarrollo e implementación de un sistema de gestión del conocimiento pasa por seis fases: inspiración, estrategia, análisis técnico, prototipado, implementación y mejora continua:

   a) Verdadero.
   b) Falso.

2. La fase de inspiración:

   a) Consiste en comprender, interiorizar y transmitir la importancia de la Gestión del Conocimiento.
   b) Es el momento de pensar en la implantación de un modelo de gestión del conocimiento.
   c) Analiza los recursos de la empresa y en especial, los recursos tecnológicos disponibles en la empresa, como la integración de los sistemas de información o el uso de bases de datos.
   d) Supone la institucionalización del modelo, su seguimiento, revisión y propuesta de mejoras.

3. Las etapas en el desarrollo de un proyecto de Gestión del Conocimiento van a variar en complejidad o duración en el tiempo, según el grado de dificultad que presente la organización en el uso y manejo de su información, las competencias que dispongan los trabajadores y la tecnología disponible:

   a) Verdadero.
   b) Falso.

4. Se aconseja empezar con proyectos universales para la Gestión del Conocimiento y a partir de ahí, implementar proyectos pequeños:

   a) Verdadero.
   b) Falso.

5. Las etapas de un proyecto son:

   a) Diagnóstico, objetivos, implantación, medición.
   b) Objetivos, implantación, diagnóstico, medición.
   c) Medición, objetivos, diagnóstico, implantación.
   d) Diagnóstico, objetivos, implantación, mejora continua.

6. Cuando decimos que un objetivo tiene que ser específico, hacemos referencia a:

    a) La medida en que disponemos o podemos disponer de conocimientos, habilidades y recursos para lograrlo.
    b) Tenemos que saber cuándo diremos que se ha conseguido o no.
    c) Tiene que ser lo más concreto posible, no valen generalidades.
    d) Tiene que ser realista.

7. Cuando decimos que un objetivo tiene que ser medible, hacemos referencia a:

    a) Tenemos que saber cuándo diremos que se ha conseguido o no.
    b) La medida en que disponemos o podemos disponer de conocimientos, habilidades y recursos para lograrlo.
    c) Tiene que ser lo más concreto posible, no valen generalidades.
    d) Tiene que ser realista.

8. Cuando decimos que un objetivo tiene que ser alcanzable, hacemos referencia a:

    a) Tenemos que saber cuándo diremos que se ha conseguido o no.
    b) Tiene que ser lo más concreto posible, no valen generalidades.
    c) La medida en que disponemos o podemos disponer de conocimientos, habilidades y recursos para lograrlo.
    d) Tiene que ser realista.

9. Una acción correspondiente con el proceso de identificar contenidos en un Sistema de Gestión del Conocimiento es:

    a) El desarrollo de Mapas de Conocimiento.
    b) El desarrollo de espacios para la generación de conocimiento.
    c) El desarrollo de sistemas de gestión de documentos.
    d) El desarrollo de líneas de consulta.

10. Una acción correspondiente con el proceso de almacenar contenidos en un Sistema de Gestión del Conocimiento es:

    a) El desarrollo de sistemas de gestión de documentos.
    b) El desarrollo de Mapas de Conocimiento.
    c) El desarrollo de espacios para la generación de conocimiento.
    d) El desarrollo de líneas de consulta.

TEST DE UNIDADES DIDÁCTICAS

SOLUCIONES

Unidad 1

1. **c)** El diseño y práctica en la organización para capturar, almacenar, compartir y aplicar los recursos de conocimiento existentes para promover el aprendizaje y la innovación.

2. **b)** Son hechos estructurados o no, que no poseen relación directa.

3. **b)** Crear, adaptar y gestionar una o varias identidades digitales protegiendo la propia reputación.

4. **a)** Es una reunión de carácter periódico de los responsables de área en la que se revisan los proyectos que están en marcha y se resuelven los problemas de coordinación que puedan existir.

5. **b)** Son la relación de los colaboradores de la organización en la que se detalla "lo que saben sobre", con el objeto de poner a disposición de la organización su conocimiento y experiencia.

6. **b)** Falso.

7. **b)** Del conocimiento tácito al conocimiento explícito.

8. **a)** El compromiso de la empresa, la disposición de las personas y el desarrollo de infraestructuras.

9. **a)** Verdadero.

10. **c)** La gestión de la formación.

Unidad 2

1. **b)** La localización de información por medio de exploradores web.

2. **b)** La digitalización de toda la información disponible solo en papel.

3. **a)** Vacíos de conocimiento de la organización.

4. **b)** Fuentes de conocimiento identificado.

5. **c)** Creatividad.

6. **c)** Finalidad del conocimiento.

7. **a)** Espacios de desarrollo de conocimiento.

8. **b)** Requiere que la persona que otorga la calificación seleccione oraciones que describan el desenvolvimiento del empleado y sus características, el evaluador suele ser el supervisor inmediato.

9. **b)** Utilizan el sistema de comparación del desempeño del empleado con determinados parámetros conductuales específicos.

10. **a)** Se basan en la comparación entre el desempeño del empleado y el de sus compañeros de trabajo.

Unidad 3

1. **b)**   *Falso.*

2. **a)**   *Indica el "qué" de las pretensiones de la organización a largo plazo con la iniciativa de implantación de una gestión del conocimiento.*

3. **b)**   *La misión de la estrategia.*

4. **c)**   *Los valores de la estrategia.*

5. **c)**   *Financiero, cliente, procesos y recursos.*

6. **b)**   *Nuestra propuesta de valor al cliente.*

7. **a)**   *Verdadero.*

8. **b)**   *Regula el registro de los usuarios, ya que a través de la autenticación tendrán acceso a unos determinados servicios o no.*

9. **c)**   *Se compondrá de los componentes de hardware y software necesarios para la eficacia del portal: seguridad, redes, bases de datos, procesadores, servidores...*

10. **a)**   *Verdadero.*

Unidad 4

1. **a)**   *Verdadero.*

2. **a)**   *Consiste en comprender, interiorizar y transmitir la importancia de la Gestión del Conocimiento.*

3. **a)**   *Verdadero.*

4. **b)**   *Falso.*

5. **a)**   *Diagnóstico, objetivos, implantación, medición.*

6. **c)**   *Tiene que ser lo más concreto posible, no valen generalidades.*

7. **a)**   *Tenemos que saber cuándo diremos que se ha conseguido o no.*

8. **c)**   *La medida en que disponemos o podemos disponer de conocimientos, habilidades y recursos para lograrlo.*

9. **a)**   *El desarrollo de Mapas de Conocimiento.*

10. **a)**   *El desarrollo de sistemas de gestión de documentos.*

GLOSARIO

Administración de Documentos

Es vital e importante que la información esté disponible de forma eficiente, es por esto que La Administración de Documentos trata de proveer soluciones para procesar, almacenar, cambiar, administrar, buscar y borrar documentos.

Arquitectura de un sistema

Organización o estructura de los componentes medulares identificados, sus características o propiedades, así como las relaciones y las interfaces entre los componentes y entidades externas.

Asistencia entre pares

Permite acceder, en el momento adecuado, al conocimiento adquirido previamente por otros miembros de la organización.

Bases de conocimiento

Recopilatorio en formato "pastilla" del conocimiento requerido para llevar a cabo determinadas funciones o tareas.

Blog

Bitácora personal online.

Capturar y usar el conocimiento de expertos que salen de la organización

El entrenamiento en el uso de las herramientas y la experiencia de los diferentes trabajadores de una organización son factores que influyen en el mejor desempeño organizativo. Cuando se van estos trabajadores de la empresa, sus habilidades, conocimientos y experiencia también se van, constituyendo una pérdida para la organización a no ser que se tomen medidas oportunas. Algunas de las opciones que se pueden poner en práctica son utilizar el modelo tutor aprendiz, colocar al trabajador que se retira con un aprendiz juntos por un tiempo, hasta que este último adquiera parte de los conocimientos, o el experto que se retira podría ser recontratado como consultor a tiempo parcial. En cada caso es importante analizar la forma en que el conocimiento se asegura y se transfiere.

Centros de Información

Son los centros destinados transferir e intercambiar los datos a todos los trabajadores e integrantes de los equipos de trabajo de diferentes áreas y niveles de jerarquía. Los centros de información permiten las interacciones e intercambios de información, desde diferentes puntos de vista. Pueden ser denominados sitios de intercambio de conocimiento.

Combinación (de lo explícito a lo táctico)

La combinación es el proceso por el que se suman y ponen en común conocimientos explícitos, de forma que se va construyendo un sistema de conocimiento integrado a través de la clasificación, categorización y suma de conocimientos.

Competencias

Conjunto de conocimientos teóricos, procedimientos prácticos y comportamientos profesionales asociados a un trabajo.

Competencias/habilidades blandas *(soft skills)*

Son los conocimientos y habilidades para el rendimiento personal y las relaciones interpersonales.

Competencias/habilidades digitales *(digital skills)*

Son los conocimientos y habilidades en el manejo de la tecnología digital, es decir, el uso crítico y seguro de la tecnología y los medios digitales.

Competencias/habilidades duras *(hard skills)*

Son los conocimientos y habilidades requeridas para llevar a cabo una determinada función en un puesto de trabajo.

Comunidades de prácticas

Grupos de trabajo que se centran en la identificación del conocimiento tácito (no explícito) de la organización para ponerlo a disposición.

Conocimiento

El conocimiento es el conjunto de representaciones basadas en la información de la que disponemos, a través del análisis, la interpretación y la argumentación.

Conocimiento explícito

Es aquel que puede ser codificado y representado de forma articulada, lo que lo convierte en una fuente de conocimiento para otras personas.

Conocimiento tácito

Reside en las personas, no ha sido documentado ni codificado, está conformado por la experiencia, valores, ideas, emociones e información de cada individuo.

Cuadro de Mando Integral

Herramienta para movilizar a la gente hacia el pleno cumplimiento de la misión a través de canalizar las energías, habilidades y conocimientos específicos de la gente en la organización hacia el logro de metas estratégicas a largo plazo.

Datos

Los datos son hechos estructurados o no, que no poseen relación directa.

Escalas de calificación conductual

Utilizan el sistema de comparación del desempeño del empleado con determinados parámetros conductuales específicos.

Escalas de puntuación

El evaluador debe conceder una evaluación subjetiva del desenvolvimiento del empleado en una escala que vaya de bajo a alto.

Externalización (de lo tácito a lo explícito)

La externalización es el proceso de convertir el conocimiento tácito en conocimiento explícito, poniéndolo de manifiesto a los demás. Es un proceso de creación de conocimiento a través de ideas, conceptos, hipótesis, modelos o teorías.

Gestor del conocimiento

El/la responsable de la organización de toda la información, así como la distribución de estos aprendizajes dentro de la organización. Los Gestores del Conocimiento no deben hacer estas tareas en su totalidad, sino que deben motivar al resto de los compañeros/as a que transmitan la información.

Gestión del conocimiento (GC), *Knowledge management*

Conjunto de estrategias, métodos, prácticas y herramientas que permitan identificar, crear, intercambiar y aplicar el conocimiento para lograr los objetivos de la organización y generar valor. Pero no de forma individual, sino para el conjunto de la organización.

Información

La información es un conjunto de datos procesados, es decir, datos a los que se les ha dado sentido mediante una relación.

Interiorización (de lo explícito a lo tácito)

La interiorización es el proceso por el que las personas toman como suyo el conocimiento explícito y lo naturalizan. Los nuevos conocimientos se incorporan al comportamiento habitual de la persona.

(Base de) Lecciones aprendidas

Recopilatorio de las lecciones aprendidas que refleja el impacto económico de cada lección y que asigna un conjunto de acciones a llevar a cabo para implantar las acciones correctivas oportunas para prevenir que se comentan de nuevo los mismos errores.

Lecciones aprendidas

Es por esto que estas lecciones se deben transferir al resto de los equipos que conforman el proyecto. La transmisión de estos conocimientos se puede hacer a través de publicación de datos en intranet corporativa. Este tipo de evaluación es de beneficio tanto para el equipo de trabajo como para el resto de compañeros.

Lista de verificación

Requiere que la persona que otorga la calificación seleccione oraciones que describan el desenvolvimiento del empleado y sus características, el evaluador suele ser el supervisor inmediato.

Mapa del conocimiento crítico

Esquema que estructura el conocimiento crítico de una organización y sus diferentes categorías con enlaces a personas expertas y/o documentos.

Método de categorización

Lleva al evaluador a colocar a sus empleados en una escala de mejor a peor.

Método de comparación por parejas

El evaluador debe comparar a cada empleado contra todos los que están evaluados en el mismo grupo.

Método de distribución forzada

Se pide a cada evaluador que ubique a sus empleados en diferentes clasificaciones.

Método de registro de acontecimientos críticos

Requiere que el evaluador lleve una bitácora diaria, el evaluador consigna las acciones más destacadas que lleva a cabo el evaluado.

Método de selección forzada

Obliga al evaluador a seleccionar la frase más descriptiva del desempeño del empleado en cada par de afirmaciones que encuentra.

Método de verificación de campo

Un representante cualificado del personal participa en la puntuación que conceden los supervisores a cada empleado. El representante del departamento de RR. HH solicita información sobre el desempeño del empleado al supervisor inmediato.

Metodología

Conjunto de procedimientos racionales utilizados para alcanzar un objetivo.

Métodos de evaluación en grupos

Los enfoques de evaluación en grupos pueden dividirse en varios métodos que tienen en común la característica de que se basan en la comparación entre el desempeño del empleado y el de sus compañeros de trabajo.

Newsletter

Boletín digital.

107

Páginas amarillas del conocimiento

Una relación de los colaboradores de la organización en la que se detalla "lo que saben sobre", con el objeto de poner a disposición de la organización su conocimiento y experiencia.

Proyectos de aprendizaje

Suelen tener como eje central algún curso o taller al que se le añaden otras herramientas que permiten personalizar los contenidos y evaluar el impacto sobre el departamento o área en cuestión.

Representante

Retrospectiva reunión en la que se hace una revisión del desarrollo de un proyecto en la que se valora lo sucedido. Se sacan conclusiones sobre los éxitos y fracasos y se buscan pautas para mejorar el futuro.

Reuniones de reflexión *(after action review)*

Orientadas a recopilar propuestas de mejora en base a los aciertos y errores cometidos durante la planificación y desarrollo de un proyecto.

Revisión de expertos *(peer review)*

Es una reunión de carácter periódico de los responsables de área en la que se revisan los proyectos que están en marcha y se resuelven los problemas de coordinación que puedan existir.

Sabiduría

Sería el nivel más alto de comprensión del conocimiento, la información y los datos, el que nos permite darle significado al conocimiento a través de la razón y de la experiencia.

Sistema de Gestión del conocimiento (SGC)

Diseño y práctica en la organización para capturar, almacenar, compartir y aplicar los recursos de conocimiento existentes para promover el aprendizaje y la innovación.

Sistema informático de Gestión del Conocimiento (SIGC)

Aplicación de herramientas tecnológicas para personalizar el aprendizaje, almacenarlo y facilitar su transferencia.

Slack

Es una aplicación de comunicaciones en tiempo real que funciona como una red social.

Socialización (de lo tácito a lo tácito)

La socialización es el proceso de adquirir conocimientos a través de compartir experiencias por medio del contacto con las personas, los procesos y los documentos. Se aprenden modelos mentales y habilidades técnicas.

Soporte integrado con las Tecnologías de la Información (TI)

Las TI juegan un papel muy importante en la gestión de la información en todo proyecto de Gestión del Conocimiento. Esta es almacenada, distribuida, combinada o manipulada con herramientas soportadas por las TI. Para el logro de mayores resultados, los trabajadores deben ser entrenados en el uso de las herramientas TI disponibles en la organización.

Talleres para el intercambio de conocimiento

Sesiones monográficas que tienen por objetivo poner a disposición de quien lo requiera el conocimiento de los más experimentados de la organización.

Yammer

Es una "intranet social" de Microsoft que permite la comunicación en tiempo real, fluida y espontánea.

BIBLIOGRAFÍA

A continuación, os relacionamos una serie de manuales y artículos que el autor ha considerado interesante ofreceros como bibliografía relacionada con el temario del curso:

- ALAVI, M. y LEIDNER, D. E. *"Knowledge Management and Knowledge Management Systems: Conceptual Foundations and Research Issues"*, MIS Quarterly, 21(1). Págs. 107-136.

- CARO, M. F., JIMÉNEZ BUILES, J. A. y TOSCANO MIRANDA, R. E. *"Una Arquitectura Integrada para el Modelado de Sistemas Informáticos de Gestión del Conocimiento en Investigación Formativa"*, Revista Avances en Sistemas e Informática, 8(3). Págs. 157-163.

- CHIAVENATO, A. *Introducción a la teoría general de la administración.* México: McGraw-Hill.

- DE FREITAS, V. y YÁBER, G. *Una propuesta de arquitectura para los Sistemas Informáticos de Gestión del Conocimiento en Instituciones de Educación Superior Espacios.* Vol. 36 (Nº 10). Año 2015. Pág. E-2.

- DEL MORAL, A., PAZOS, J., RODRÍGUEZ, E., RODRÍGUEZ-PATÓN, A., y SUÁREZ, S. *Gestión del Conocimiento.* Madrid, International Thomson Editores.

- EDUARDO BUENO, MARÍA ARRIEN y ÓSCAR RODRÍGUEZ. *Modelo Intellectus: medición y gestión del capital intelectual.* Madrid: IADE-CIC. (Documento Intellectus; no. 5).

- EDUARDO BUENO, ÓSCAR RODRÍGUEZ, CECILIA MURCIA y CLAUDIA CAMACHO. *Metodología para la elaboración de indicadores de capital intelectual.* Madrid: IADE-CIC. (Documento Intellectus; no. 4).

- EUROPEAN COMMITEE FOR STANDARDIZATION. *Guidelines for measuring knowledge management (CWA 14924-4), European guide to good practice in knowledge management.* Brussels. CEN.

- GLORIA PONJUÁN. *Gestión documental, de información y del conocimiento: puntos de contacto y diferencias.* Ciencias de la Información, 2003, vol. 34, no. 3. Págs. 2-5.

- GLORIA PONJUÁN. *Gestión de información: dimensiones e implementación para el éxito organizacional.* Rosario: Nuevo Paradigma, 2004. Pág. 218.

- GERBER, A. J. *"Towards a Comprehensive Functional Layered Architecture for the Semantic Web"*, Computer Science, Johannesburg, University of South Africa.

- GUPTA, J. N. D., SHARMA, S. K. y HSU, J. *An Overview of Knowledge Management. In Knowledge Management: Concepts, Methodologies, Tools, and Applications* (Jennex, M. Ed.). Pág. 1, New York: IGI Global.

- HARVARD BUSINESS REVIEW (2003). *Gestión del Conocimiento*. Deusto.

- LARREA, M. A. *"Gestión del Conocimiento y la Institución Universitaria. Una Visión Aupoiética"*, ARJÉ: Revista de Postgrado, 6(10). Págs. 41-67.

- MEDINA, V. H., PÉREZ, P. F., y ROLÓN, J. *Arquitectura de un Sistema de Gestión del Conocimiento basado en Agentes Inteligentes*, Sixth LACCEI International Latin American and Caribbean Conference for Engineering and Technology, Tegucigalpa, Honduras.

- NONAKA, I. y TAKEUCHI, V. *The Knowledge–Creating Company*. New York, Oxford University.

- THOMAS DAVENPORT y LAURENCE PRUSAK. *Conocimiento en acción: cómo las organizaciones manejan lo que saben*. Buenos Aires: Pearson Education.

- TOMÁS, J. V., POLER ESCOTO, R., CAPÓ VICEDO, J. y EXPÓSITO LANGA, M. *Las Herramientas de Gestión del Conocimiento. Una Visión Integrada*. VIII Congreso de Ingeniería de Organización, Leganés.